UNE
VÉRITÉ PAR SEMAINE

PAR

ALPHONSE KARR.

ÉDITION ILLUSTRÉE DE 12 VIGNETTES PAR BERTALL.

PRIX : 50 CENTIMES.

PARIS
PUBLIÉ PAR GEORGES BARBA, LIBRAIRE-ÉDITEUR
7, RUE CHRISTINE, 7.

Toute traduction ou contrefaçon est interdite en France et à l'Étranger. (Propriété de l'Éditeur.)

ROMANS POPULAIRES ILLUSTRÉS

ALPHONSE KARR

UNE VÉRITÉ PAR SEMAINE

I.

Les hommes, malgré les hypocrisies et les apparences contraires — ont toujours, en réalité, été d'accord sur un point — mettre la lumière sous le boisseau. — On attend toujours que ladite lumière brûle ledit boisseau, mais on l'attend en vain. — Fatigué d'attendre pour ma part, je veux, de la pointe de ma plume de fer, pratiquer quelques fentes, quelques trous d'épingle par lesquels puissent s'échapper quelques lueurs.

Il y a longtemps que, comme bien d'autres, j'ai voulu fonder, sinon une nouvelle religion — au moins une nouvelle secte; — mais pour avoir des chances de succès, il m'aurait fallu donner à mon projet la forme mystérieuse d'une franc-maçonnerie, d'une société secrète.

Mes premiers adeptes risquaient fort d'être découragés dès l'origine par la haine et le ridicule, car cette secte, cette religion aurait été le bon sens; — malheureusement la loi défend les sociétés secrètes, et je crains bien de ne pas trouver de disciples assez audacieux pour professer ouvertement la foi nouvelle.

En effet, cette foi a pour base un certain nombre de

Alphonse Karr.

vérités hardies que les initiés, assurés par les serments les plus formidables de n'être ni trahis ni dénoncés, se seraient répétées sans crainte les uns aux autres dans les cryptes où auraient eu lieu nos assemblées, mais que je n'oserais leur conseiller de proférer hautement en public.

Vous en pourrez juger par les quelques aphorismes et actes de foi qui suivent :

« Deux et deux font quatre. — J'appelle un chat un chat. — Les vessies ne sont pas des lanternes. »

Je sais bien que les esprits futiles vont sourire en lisant ces règles de sagesse : mais que les esprits sérieux veuillent bien réfléchir combien de vanités, d'intérêts, de positions acquises seraient froissés, détruits, renversés par l'application sévère de ces trois règles seulement, et ils verront comme moi les difficultés presque insurmontables de mon entreprise et l'audace dont j'ai besoin pour professer ma doctrine, non pas dans des caves, dans des souterrains, dans des cryptes, mais dans une publication qui jouit d'un auditoire aussi nombreux que celle-ci, sachant comme je sais que cette audace, comme toutes les audaces, s'expose à recevoir des noms fort durs si elle ne réussit pas. Arborer la bannière du bon sens, c'est se déclarer ennemi public et pour ainsi dire animal dangereux.

Commençons par le commencement, — c'est le côté le plus facile et le côté brillant de toutes les nouvelles sectes. — Il s'agit d'établir que ce qu'on vent remplacer ne vaut rien. — Je prouverai donc simplement — ce dimanche-ci — que la sagesse humaine est une folie prétentieuse, que les vices valent mieux que leur réputation, et que le Créateur n'est ni un méchant, ni un idiot, ainsi que le prétendent les moralistes et les philosophes qui m'ont précédé. — Tout cela tiendra parfaitement à l'aise dans ce premier chapitre, malgré la longueur de cette préface indispensable, que je terminerai en priant les lecteurs faciles à s'effaroucher de considérer tout ceci comme une plaisanterie, jusqu'au jour où, après avoir lu le dernier chapitre, ils diront comme Henri IV, après avoir entendu le second avocat d'une cause qu'on plaidait devant lui : — Ventre saint-gris, celui-ci a aussi raison.

Un prince un jour s'égara dans une forêt en poursuivant un cerf. — Le gros de sa suite l'avait perdu, et il n'avait avec lui que son écuyer et son maître d'hôtel. Après mille tours et détours, le prince déclara qu'il était fatigué et qu'il mourait de faim : aussi découvrit-on une cabane de bûcheron avec une joie que n'avait jamais causée la vue des plus somptueux palais.

L'écuyer et le maître d'hôtel entrèrent dans la cabane, et ne tardèrent pas à ressortir : le premier avec un banc sur lequel le prince descendit de cheval et ne se fit pas prier pour s'asseoir, le second avec une table.

— Qu'avez-vous à nous donner à manger, bonhomme? demanda le prince au bûcheron.

— A peu près rien, répondit le bûcheron.

— Alors donnez-nous-le bien vite avant que notre appétit s'accroisse encore.

— Mais ça a besoin d'être préparé. Je n'ai que des pommes de terre crues.

— Pour ce qui est de préparer n'importe quoi, voici notre maître d'hôtel qui prétend s'y entendre ; conférez-en avec lui.

Le maître d'hôtel demanda quelques instants de réflexion. Il s'écarta soucieux sous les arbres, et revint auprès du prince.

— Eh bien ! avez-vous trouvé moyen de nous faire un repas?

— Prince, dit le maître d'hôtel, j'ai réfléchi qu'il est bien malheureux que ces pommes de terre ne soient pas des truffes, ou que nous n'ayons pas un dindon dans lequel je les glisserais. Il est vrai qu'il faudrait aussi que nous ne fussions pas aussi pressés, et que Votre Altesse voulût bien accorder au moins huit jours au dindon avant qu'il eût l'honneur d'être mangé par elle, pour qu'il pût imprégner loyalement ses chairs du parfum savoureux des truffes...

Le prince l'interrompit :

— Si vous venez me faire la nomenclature de tout ce que nous pourrions manger si nous l'avions, ce sera long et peu nourrissant. On dit que nous n'avons que des pommes de terre, c'est donc avec des pommes de terre qu'il faut me faire à dîner.

— Rien n'est plus sage que le raisonnement de Votre Altesse, dit le maître d'hôtel ; et je ne lui demande que cinq minutes pour chercher comment je vais lui accommoder ce modeste repas.

Le maître d'hôtel alla encore rêver sous les arbres — puis il revint.

— Prince, j'ai notre affaire — puisque nous n'avons que des pommes de terre, et qu'il y a faute un plat de pommes de terre ; mais il y a quatre-vingt-trois manières d'accommoder les pommes de terre. C'est donc à moi, par mon art, de donner en saveur à ce mets ce qu'il ne dépend pas de moi de lui donner en variété. Entre les quatre-vingt-trois manières connues d'accommoder les pommes de terre, j'ai décidé que je vais vous faire des pommes de terre à la polonaise.

Puis se récitant la recette à lui-même à demi-voix :

« Vous prenez des pommes de terre, vous les faites cuire dans l'eau avec du sel, vous les pelez, vous les coupez par tranches, et vous les servez pour une sauce blanche aux câpres avec des cornichons coupés par petits morceaux et des filets d'anchois. »

— Bonhomme, dit-il au bûcheron, vous allez me donner ce qu'il me faut pour la sauce blanche ; d'abord, du beurre.

— Je n'en ai pas, dit le bûcheron.

— De la farine?

— Je n'en ai pas.

— Deux œufs?

— Je n'en ai pas.

— Et des câpres, des cornichons et des filets d'anchois?

— Je n'en ai pas.

— Diantre ! dit le prince.

— Il n'y a pas moyen d'apprêter les pommes de terre à la polonaise, alors, dit le maître d'hôtel, et c'est bien malheureux : comment peut-on n'avoir ni sauce blanche, ni beurre, ni œufs !

Il réfléchit un moment, puis il dit : — Allons ! faisons simplement des pommes de terre en boulettes.

— Ah ! fichtre !... pardon, Altesse... c'est que je pense que pour les pommes de terre en boulettes, il faut quatre œufs, de la crème, de la muscade. Il faut encore renoncer aux pommes de terre en bou-

lettes ; c'est pourtant un mets excessivement simple et assez agréable. Cherchons autre chose.

L'écuyer, impatienté, disparut.

Le maître d'hôtel passa en revue d'autres façons de plus en plus simples d'accommoder les pommes de terre ; mais il manquait toujours quelque chose au bûcheron, qui n'avait que des pommes de terre. — C'est dommage, disait-il, ça serait excellent. — Le prince commençait à se fâcher.

— Eh bien ! dit le maître d'hôtel — faisons une plat horriblement vulgaire, un plat qui n'a jamais osé paraître sur la table de Votre Altesse — des pommes de terre frites ! veuillez les excuser, et moi aussi.

— Bonhomme, dit-il au bûcheron, allons, promptement une poêle et de la graisse !

— Je n'ai pas de poêle et je n'ai pas de graisse, dit le bûcheron.

— Comment se fait-il, dit le maître d'hôtel en colère, que vous n'ayez ni poêle ni graisse? J'ai vu des gens pauvres ; mais il faut qu'à la pauvreté vous joigniez du désordre et quelque vice pour n'avoir pas des choses aussi peu coûteuses et aussi indispensables.

— Ah ! maître d'hôtel, s'écria le prince, c'est trop fort ! Eh quoi ! non-seulement vous ne me faites pas à manger quand je meurs de faim, mais encore vous me débitez des discours ennuyeux. — Je vous admets dès aujourd'hui à faire valoir vos droits à la retraite, et à vous retirer dans vos terres ; car on m'a dit que vous êtes devenu très-riche.

— Altesse, j'obéirai avec douleur et respect ; et, malgré la rigueur de votre décision, je ne me rappellerai que vos bienfaits dans ces terres que je dois à votre munificence ; mais il n'en est pas moins vrai que si vous ne pouvez faire un repas aujourd'hui, la faute en est à cet homme qui manque des ustensiles et des denrées les plus vulgaires et les plus nécessaires à la vie.

— La faute en est à vous, dit le prince, qui n'avez pas eu le bon sens de vous dire : Puisque je n'ai que des pommes de terre, il ne faut pas m'obstiner à faire une dinde truffée ni toutes sortes de mets savoureux dont je n'ai pas les éléments. — Pourquoi, au lieu de quereller ce bonhomme qui nous donne de bon cœur tout ce qu'il possède, ne querellez-vous pas les pommes de terre de ce qu'elles ne sont pas des côtelettes d'agneau ou des filets de chevreuil ?

— Mais, prince...

— Mais, maître d'hôtel...

Ici le prince allait sans aucun doute pulvériser le faible raisonnement du maître d'hôtel, et lui démontrer de la façon la plus humiliante pour le maître d'hôtel et la plus triomphante pour lui-même que tous les torts étaient de son côté.

Mais l'écuyer survint, qui, par son seul aspect, démontra les torts et l'absurdité du maître d'hôtel plus victorieusement encore qu'en aurait pu le faire la faconde du prince, si toutefois j'ose émettre une opinion un peu hardie, tandis que le maître d'hôtel imaginait des perfections impossibles à donner aux pommes de terre.

Tandis que le prince faisait à l'écuyer de magnifiques discours contre la folie du maître d'hôtel, il s'était glissé dans la cabane, et il avait tranquillement fait cuire les pommes de terre sous la cendre chaude du foyer, et il les apportait toutes fumantes.

Et le prince dit souvent depuis qu'il n'avait de sa vie fait un meilleur repas — et il ôta de son col le collier de l'Eléphant bleu, l'ordre le moins prodigué de ses Etats, et il le passa au col de l'écuyer, et toujours depuis il l'appela à ses conseils dans les circonstances difficiles.

Je suis de l'avis du prince, l'écuyer était un homme sage. — Pour le maître d'hôtel, il ressemblait à un armurier qui ferait des casques, des hauberts et des cuirasses à la taille des géants, et qui voudrait les vendre à des hommes en leur soutenant que ça leur va très-bien, et qu'il serait honteux à eux de se reconnaître petits, fluets et malingres en mettant d'autres ; à un architecte qui ne ferait pas de portes à une maison, et soutiendrait au propriétaire qu'il a des ailes et qu'il peut bien entrer par la fenêtre.

Il faut que l'homme se voie tel qu'il est, et qu'il ne s'impose pas des tâches au-dessus de ses forces ; car il a qu'un seul résultat : c'est qu'il regarde le fardeau, tourne à l'entour, le pèse du regard, le déclare trop lourd et s'assied en face ; si la charge était divisée en deux, il la mettrait résolûment sur ses épaules.

> Avec des airs pédants et des mines fâchées,
> Des philosophes faux prêchent d'un ton cagot
> De rigides vertus en si haut lieu juchées,
> Qu'on renonce d'y tendre — et qu'on se dit bientôt :
> L'homme est né trop pesant pour s'élever si haut.

Je connais un jeune homme merveilleusement doué, et qui se tourmente néanmoins, quoiqu'il soit le meilleur des hommes, de ne pouvoir atteindre à la hauteur des théories de la sagesse et de la vertu.

— Que je voudrais, dit-il quelquefois, qu'il ne fût pas si difficile et si ennuyeux d'être sage !

Aussi les sages de profession sont semblables aux marchands de cette sale tisane appelée coco que l'on vend sur les boulevards de Paris au prix de deux liards le grand verre, et ils font à pleins poumons et avec accompagnement de clochette un éloge magnifique de leur tisane; mais lorsqu'à force de la préconiser ils se sont desséché le gosier, ils ne s'avisent pas de boire à leur fontaine, et vont se désaltérer chez le marchand de vin du coin, auquel ils donnent en échange de son vin le prix qu'ils ont retiré de leur coco : de même ces gens qui vendent la sagesse et qui étalent pompeusement les vertus à la montre de leurs boutiques se régalent dans l'arrière-boutique de choses plus humaines qu'ils achètent au moyen des bénéfices de leur commerce.

Notez que je parle ici des philosophes et sages de bonne foi, ou du moins des sages et des philosophes naïfs. Je parlerai des autres un autre jour, quand je dirai pourquoi on a inventé la sagesse, et à quoi elle sert en réalité.

Pour ce qui est de la sagesse des livres et des discours publics, connaissez-vous quelqu'un qui la pratique? — Au point de vue, à la mesure de cette sagesse, nous sommes donc tous des coquins et des fous. — Il me paraît prouvé, après tant de siècles et de discours envolés, et tant d'hectares de papier noirci, que l'homme ne peut changer et ne changera pas, — et qu'alors, pour ne pas l'humilier, il faut que ce soit la sagesse qui change; il faut lui faire une sagesse possible et des vertus à sa taille.

Je ne connais pas l'ambroisie. Linnée prétendait que c'est l'odeur du réséda. Je ne dis pas de mal de l'ambroisie, et j'aime beaucoup l'odeur du réséda; mais si l'on voulait faire croire à un homme qu'il est Dieu, et qu'on lui servît, sous ce prétexte, à déjeuner et à dîner uniquement le parfum du réséda, je suis sûr que, lorsque viendrait l'heure du souper, il croirait faire une excellente affaire s'il trouvait à vendre, comme Esaü, non pas son droit d'aînesse, mais sa divinité pour un plat de lentilles.

De même, c'est pour l'homme un mets excellent que des côtelettes de mouton; mais donnez-en pour nourriture à un chardonneret ou à un poisson, et vous verrez combien de temps ils vivront avec ce régime!

Je déclare donc la sagesse ancienne parlée, mais non pratiquée jusqu'à ce jour, la sagesse théorique, une chose inapplicable et non-seulement inutile, mais encore dangereuse, en ce qu'elle décourage les gens, les dispense et les empêche de suivre une sagesse plus facile et plus humaine.

Me voici aux deux tiers de mon papier blanc et au second point de mon discours; mais la démonstration est encore plus courte, et surtout plus facile : — Établir que le Créateur n'est ni méchant ni idiot, ainsi que le prétendent les moralistes qui m'ont précédé.

Je ne me représente pas Dieu sans la toute-puissance, et j'ai souvent blâmé, à part moi, les professeurs de religion qui en instruisant les enfants, leur disent que Dieu ne peut pas faire qu'un triangle n'ait pas trois angles et qu'un carré n'ait pas quatre côtés. Entre hommes, c'est une vérité incontestable; mais, de l'homme à Dieu, il faut reconnaître que Dieu s'est réservé la vérité, et ne nous a permis que des opinions.

Je ne sépare pas de l'idée de Dieu l'idée de la toute-puissance. Eh bien! je crois que nous sommes précisément ce que le souverain maître a voulu que nous fussions, — ni meilleurs ni plus mauvais; — il y a certaines choses qu'il ne veut pas que nous fassions, nous ne les faisons pas — nous ne pouvons rien déranger dans l'ordre éternel de la nature, — nous ne pouvons pas plus anéantir une seule goutte d'eau que décrocher une étoile.

Il y a dans les livres un point de départ qui est la cause de bien des erreurs et de bien des sottises : c'est que le monde a été fait pour la commodité et les plaisirs de l'homme. Ainsi vous le voyez, avec une adorable naïveté, rechercher l'utilité de certains êtres ou de certains objets qu'il ne peut ni manger, ni asservir, ni employer, et il croit faire preuve d'indulgence envers Dieu en ne le chicanant pas sur la création faite un peu à l'étourdie de ces êtres et de ces objets.

L'homme, le premier dans l'échelle de la vie, quoique plusieurs animaux l'emportent sur lui par le développement de certaines facultés, l'homme n'est pas moins un des agents chargés de la conservation de l'ordre éternel fixé par le souverain maître. L'homme n'a pas un besoin, un goût, une passion, un plaisir, qui ne le fasse concourir à ce but. Donnons-en un seul exemple, parce que nous aurons à en développer d'autres plus tard.

Qu'un ingénieur habile fasse une mécanique, il faut la graisser et l'entretenir, la réparer et la remplacer quand elle est usée. Il faut remonter une montre ou une pendule.

Dans ces nécessités paraît l'infériorité de l'homme, quelque habile qu'il soit, et aussi dans la recherche devenue ridicule à force d'impossibilité du mouvement perpétuel. Eh bien! l'homme et l'exemple d'une mécanique bien autrement belle que celle que son génie peut créer. Figurez-vous une horloge qui se remonterait elle-même, avec régularité, avec plaisir, avec passion même; empêchez cette horloge de se remonter, elle imaginera les moyens les plus ingénieux pour y réussir malgré vous. Ladite horloge même ne reculera pas devant le crime, parce que le crime enfreint une loi des hommes; mais il y a une loi de l'horloger qui lui ordonne de se remonter.

Cette horloge, c'est l'homme, il se remonte par la nourriture deux ou trois fois par jour — il croit obéir à un besoin, à un goût, à un plaisir, à la gourmandise : il obéit à une loi immuable, il se remonte.

Si la machine a besoin de réparations, elle est malade, elle souffre; — elle souffre aussi si elle s'expose à se casser, et c'est encore avec empressement, avec joie, avec passion, qu'elle se fait à elle-même les réparations nécessaires.

Cependant elle doit finir par s'user; elle a des goûts et des passions qui font qu'elle est enchantée de s'user. Enfin, elle doit laisser après elle une machine nouvelle qui puisse fonctionner à sa place.

Eh bien! l'homme a encore une passion contre laquelle il fait parfois de gros livres; — c'est avec une ardeur invincible qu'il s'occupe de cette machine qui doit remplacer la machine qu'il est quand ses rouages seront usés et hors de service. — Cette passion est l'amour, et l'homme se figure que c'est pour son plaisir uniquement qu'elle lui a été donnée.

C'est ainsi que, par le plaisir, par la douleur, il est renfermé inexorablement dans un cercle de devoirs et de corvées.

C'est en vain que les premiers législateurs et les maîtres des hommes ont prétendu faire de Dieu une sorte de commissaire de police chargé de faire respecter les lois qu'il leur plairait d'établir, et qu'ils ne lui ont pas même refusé l'écharpe, insigne de ses fonctions, en faisant jouer à l'arc-en-ciel un rôle quasi-politique, et en lui faisant proclamer l'amnistie.

Les gens qui regardent par leurs propres yeux, et qui n'ont pas la vue trop courte, savent que le Créateur n'a pas permis à une des créatures qu'il a jetées sur un des plus petits mondes qui gravitent dans l'espace où il les a semés, d'entrer en révolte contre lui, et de braver les lois suprêmes.

De longues et constantes méditations dans la solitude m'ont amené à prendre mon parti sur tout; et c'est à ce point de quiétude et de calme que je prétends vous amener, si vous ne vous effarouchez pas des prémisses de ma démonstration.

Il faut nous défendre contre nos co-hommes, mais nous épargner les discours parlés et écrits contre leurs passions et leurs défauts, passions et défauts non-seulement permis, mais encore ordonnés, créés par le souverain dominateur, dans le but de la conservation de l'ordre qu'il a établi le jour où il lui a plu de peupler l'étendue de ces mondes innombrables dont quelques-uns sont si loin de nous que la lumière des soleils qui les éclairent ou la lumière qu'ils réfléchissent n'est pas encore parvenue jusqu'à nous depuis la création de notre monde, quoique cette lumière, comme le doit toute lumière honnête, ait toujours, depuis cette époque, parcouru trois cent dix mille deux cents kilomètres par seconde.

Je vous laisse le plaisir des calculs et de la multiplication. — C'est ce qui fait que des gens parfois prétendent découvrir des planètes et sont à ce sujet couverts d'honneurs et de pensions, tandis qu'il a suffi d'avoir le nez en l'air par hasard au moment où la lumière de ces planètes éloignées arrivait enfin jusqu'à nous.

Partant donc de ce double principe, que la sagesse prêchée jusqu'ici par les hommes n'a pas le sens commun — et que le Créateur est tout-puissant et parfaitement raisonnable, je prétends vous réconcilier avec l'homme et vous délivrer du ridicule que nous avons tous de croire que tous les humains — excepté nous — sont de criminels gredins.

Je termine en priant derechef les gens faciles à s'étonner de prendre provisoirement ce qui précède et ce qui suivra pour une plaisanterie, — j'autorise les autres à n'en rien faire.

II.

Nous allons examiner aujourd'hui pourquoi on a inventé la sagesse, qui est-ce qui l'a inventée, à quoi elle sert à ceux qui la pratiquent et à ceux qui la prêchent; puis, s'il nous reste alors du papier blanc, nous examinerons quelle doit être l'opinion de Jupiter à l'égard des prières et des vœux des mortels, et autre chose encore.

Un jour que j'étais allé voir Pradier dans une cave de l'Institut, qui lui sert d'atelier, en tant que son praticien m'avait dit qu'il était absent et reviendrait dans une demi-heure, je commençai par l'attendre; mais le soleil que je voyais, par un soupirail, briller au dehors ne tarda pas à me persuader que je ne restais dans cette cave, j'allais, moi aussi, devenir en marbre, et je pris le parti de flâner sur le pont des Arts en songeant que, malgré la grande réputation qu'il a bien fallu accorder à Pradier, on attendrait sans doute qu'il fût mort pour dire tout haut que c'est tout simplement un sculpteur de la force de Praxitèle, avec lequel il a, du reste, tant de rapports que je le suppose d'une même famille, dont le nom a été altéré dans la terminaison par le temps et par les traducteurs.

Il y avait à l'angle du quai et du pont des Arts un bouquiniste qui avait sur le parapet étalé au soleil sa bibliothèque dépareillée. J'ouvris un livre au hasard, et je tombai sur une sorte d'apologue — à la fin du volume, qui était lui-même un second volume ; l'apologue n'était pas terminé, et le volume suivant n'existait pas — néanmoins cet apologue me resta dans la mémoire, et il me revient aujourd'hui précisément au moment où je veux dire ce que c'est que la sagesse — c'est-à-dire on ne peut plus à propos — du moins selon moi.

« Il y avait, du temps des païens, un petit peuple qui habitait une petite île de la mer Baltique. Ce peuple était le plus altéré des peuples. Mais Odin, c'est le nom que les gens du Nord donnaient en ce temps-là au créateur du monde, Odin y avait pourvu, et Thor, fils d'Odin et de Frigga, leur avait appris à cultiver l'orge et le houblon, et à faire de la bière.

» Non-seulement ce peuple faisait assez de bière pour apaiser sa soif, mais encore il pouvait chaque année en vendre un peu aux habitants d'une île voisine, qui lui donnaient en échange des jambons fumés et des saucisses. — Le commerce appartenait à une certaine classe de gens qui prélevaient sur la récolte d'orge et de houblon la quantité nécessaire pour l'échange à faire avec les voisins; puis ils vendaient dans l'île les denrées salées qu'ils recevaient. Or le jambon fumé et les saucisses avaient augmenté la moyenne de la soif du pays. L'île était fort petite; il n'y avait pas moyen d'augmenter la culture de l'orge et du houblon. On imagina la petite bière, c'est-à-dire qu'avec la même quantité de houblon et d'orge on augmenta la production de la bière au moyen d'une plus grande quantité d'eau. C'était beaucoup moins bon, mais ça désaltérait, et c'était le principal. On ne tarda pas à s'y accoutumer, à l'exception de ceux qui l'avaient inventée, et qui, pour prix de leur invention philanthropique, s'étaient réservé sur la récolte annuelle le prélèvement d'une certaine quantité de bière fabriquée suivant les anciens rites.

» Tout allait donc passablement dans l'île, et à diverses époques de l'année on célébrait des fêtes en l'honneur d'Odin et de son fils Thor, pour les remercier d'avoir donné la bière à un peuple aussi altéré.

» Mais ceux qui avaient inventé la petite bière étaient des esprits ingénieux qui ne devaient pas s'arrêter là; en effet, ils ne tardèrent pas à inventer l'ale d'abord, et ensuite le porter. C'était meilleur; mais avec ce qu'on récoltait d'orge et de houblon, il n'y avait pas moyen de faire de l'ale et du porter pour tout le monde : bien plus, pour en faire seulement pour les inventeurs, qui ne voulaient plus et ne pouvaient plus s'en passer, il fallait prendre sur la petite bière. Après avoir longtemps cherché, on forma une association ayant pour double but de boire du porter et de l'ale, et d'en prêcher l'abstinence aux autres. On commença en conséquence à établir que la soif n'était pas aussi innocente qu'on en avait l'air et qu'on l'avait pensé jusque-là; que c'était une épreuve à laquelle Odin soumettait les hommes, et que ceux-là lui faisaient un très-grand plaisir qui savaient résister à leur soif. Les hommes forts, disait-on, les hommes vertueux, les hommes selon le cœur d'Odin, les hommes qui sont, à proprement parler, l'image d'Odin sur la terre, ne boivent pas du tout; en vain ils mangent du jambon fumé et des saucisses, ils savent triompher d'une soif immonde dont les autres hommes sont les esclaves.

» Nous ne pensons pas que tous les mortels soient appelés à ce point de perfection; — mais il est, à un degré inférieur, d'autres moyens d'attirer sur soi les regards bienveillants de l'époux de Frigga. D'abord ne satisfaire sa soif qu'à moitié, et ensuite mettre beaucoup d'eau dans sa bière. Plus on mettra d'eau dans sa bière, et moins on en boira, et plus on passera pour un homme vertueux, et plus on jouira de l'estime et de la considération publique.

» Au commencement, ces prédications eurent un grand succès. Quelques personnes mirent un peu d'eau dans leur petite bière, d'autres en mirent beaucoup, d'autres ne buvaient que de l'eau de petite bière dans leur eau — d'autres ne burent que de l'eau — d'autres se mirent à ne pas boire du tout. — Parmi ces derniers les uns moururent; mais ce qui est pis, c'est que les autres vécurent enragés. Ces derniers et les autres furent honorés à triple carillon, les morts compris. — On fit d'eux des éloges publics, on leur donna des cordons de toutes couleurs, des dignités de toutes sortes — et on but énormément d'ale et de porter en leur honneur sous forme de libations, comme on a fait en l'honneur des dieux. Mais rien n'est éternel, et cet ordre de choses ne put durer. On ne tarda pas à découvrir que ceux qui prêchaient si fort contre la soif buvaient en porter dans des verres énormes; ce qui leur permettait de guérir leur soif par le moyen le plus radical, et ensuite de jouir par le monde de tous les honneurs attachés à la réputation de ne boire que par jour qu'un verre de bière.

» Le procédé fut jugé ingénieux, et trouva facilement des imitateurs; mais, en même temps que beaucoup de gens eurent des grands verres, on vit augmenter dans la même proportion le nombre de ceux qui louaient la résistance à la soif et récitaient des invectives contre ceux qui satisfaisaient cette passion honteuse; — puis graduellement on en vint à ceci, que tout le monde prêcha l'abstinence, et que tout le monde but de l'ale et du porter autant qu'il s'en put procurer, et que ce ne furent plus ceux qui s'abstenaient de boire qui recevaient les honneurs et les dignités, mais ceux qui prêchaient le mieux contre la soif; se réservant de satisfaire de la façon la plus complète et la plus agréable leur soif particulière, du produit des injures débitées par eux contre la soif des autres. »

Le volume finissait là, et l'auteur disait : Nous vous dirons dans le volume suivant ce qui arriva de tout ceci.

Mais le volume suivant ne se trouva ni à l'étalage du bouquiniste, ni à celui d'aucun autre; de sorte que je n'achetai pas le livre dépareillé, ce que je regrette aujourd'hui, que je suis forcé de citer de mémoire.

Un autre exemple : deux hommes se prennent de querelle. — Lâche! dit l'un des deux, tu as un bâton! pose ton bâton.

L'homme armé pose son bâton, que l'autre prend pour le rosser avec.

Au commencement des sociétés, les hommes ont été chasseurs. Les animaux des forêts leur ont fourni longtemps la nourriture de toute l'année, et les habits d'hiver — les feuilles de figuier n'ayant jamais été qu'un costume d'été. Les hommes sont toujours chasseurs — c'est-à-dire que chaque homme doit attraper de façon ou d'autre sa nourriture et ses vêtements et la nourriture et les vêtements de sa femme ou de ses femmes, selon les pays et les mœurs, et de ses petits. C'est toujours le même fait, les moyens n'ont guère changé : on fait toujours la chasse à courre, au tir, au passage, à la pipée, au miroir, aux collets; la pêche au filet et à l'hameçon — seulement on pêche et on chasse un gibier indirect. C'est-à-dire qu'il s'agit aujourd'hui de prendre des places, des fonctions, des dignités et des chasseurs. — Je vous décrirai un autre jour ces diverses chasses en détail : — la chasse et la pêche seulement demandent des procédés nouveaux et perfectionnés — parce que, outre le gibier et le poisson, il faut prendre aussi la sauce et les condiments — et que, dans la sauce et les condiments, il faut compter l'argenterie et la porcelaine, etc.

La feuille de figuier surtout et la peau de loup ont subi de grandes modifications — une feuille de figuier doit avoir au moins aujourd'hui une quinzaine de mètres, surtout si l'on y met des volants — les plus riches feuilles de figuier, celles qu'on met au bal, seraient moins dispendieuses sans les broderies, car elles laissent nue une notable partie du corps féminin.

Eh bien! il ne faut pas s'étonner de voir apporter dans le commerce de la vie toutes les ruses de la pêche et de la chasse. — Les affaires pas actions, par exemple, ne sont-elles pas des chasses au miroir et à la pipée? — Les marchands de tout genre n'amorcent-ils pas leur hameçon avec les éloges de la quatrième page des journaux? et les journaux eux-mêmes... Le respect pour la sainte hospitalité me défend de poursuivre.

Cependant le monde est plein de gens — et c'est dans mon métier qu'on trouve le plus grand nombre de ces gens — qui passent leur vie à crier : Dans quel siècle vivons-nous? il n'y a plus de bonne foi ni de probité! le monde est devenu une caverne de brigands! etc.

Notez que ces mêmes phrases se sont dites et imprimées de tout temps, et que dans le premier siècle du monde on se demandait déjà : Où allons-nous? dans quel siècle vivons-nous? Eh! mon Dieu! nous sommes dans un siècle où tout le monde a un grand verre, et où personne n'aime plus guère la petite bière — mais comme on a en même temps augmenté et perfectionné la culture de l'orge et du houblon dans une proportion à peu près égale à l'augmentation de la soif humaine, il est juste de dire, quand on a bien regardé avec de bons yeux, que nous sommes beaucoup à peu près au même point. — Comment cela finira-t-il ? me demanderez-vous. — Je vous répondrai ici — comme le bouquiniste me répondit sur le quai : — Je n'ai pas le volume suivant.

Toujours est-il qu'il n'est pas juste d'exiger que les chasseurs chargent leurs fusils avec du son, et que les pêcheurs tendent des hameçons sans appât; — si ce n'est qu'on espère par là tromper un certain nombre de niais comme moi, comme vous peut-être; si vous voulez bien me permettre de le supposer, ce qui n'est pas aussi malhonnête que ça en a l'air, et diminuer le nombre des concurrents dans la chasse laborieuse, difficile, incertaine, à laquelle nous nous livrons tous sans relâche.

Cependant le monde fatigue Jupiter de plaintes amères et incessantes.

Quelle infamie! s'écrie le gantier, l'épicier m'a vendu du café dans lequel il y a la moitié de chicorée! O Jupiter! ta foudre est-elle éteinte, ou s'est-elle endormie?

Et le gantier, qui s'indigne si fort, a passé toute sa vie à vendre du mouton pour du chevreau, et ne trouve à cela qu'un inconvénient; c'est qu'on ne puisse remplacer à son tour le mouton par du papier gris.

C'est ce que blâme de tous ses poumons le marchand de vin, qui fait du vin avec tant de choses que quelquefois il y entre un peu de raisin par mégarde.

Et moi, est-ce que je néglige quelque chose pour vous faire croire qu'il est très-important pour vous que vous lisiez ces lignes et que vous me les payiez le plus cher possible? est-ce que je n'emprunte pas des idées à divers bouquins, comme je viens de vous l'avouer, une fois sur dix, à l'instar des mendiants qui louent des enfants?

O Jupiter! s'écrie-t-on de toutes parts, anéantissez la friponnerie et la déloyauté.

Jupiter, consumez la vanité et la coquetterie.

Jupiter, détruisez le mensonge.

Jupiter, défaites-nous du luxe.

Jupiter, délivrez-nous de la gourmandise.

Jupiter, faites justice de la paresse.
Jupiter, je vous dénonce l'égoïsme.
Jupiter, je vous signale le jeu.
Jupiter, ne voyez-vous pas l'adultère?
Jupiter, laisserez-vous vivre plus longtemps la chicane?
Jupiter, faites donc enfin régner la justice, la bonne foi, la simplicité, la vérité, la bienfaisance, l'abnégation, etc., etc., etc.

Je crois que Jupiter a pris le parti de se transporter simplement dans un ciel plus élevé que celui qu'il a habité jusqu'ici, et où il n'a plus les oreilles assourdies par ces cris, ces invocations et ces aspirations, qui s'élèvent chaque jour vers son trône avec l'opiniâtreté des grenouilles qui coassent dans leurs marais vers la fin du jour.

Eh quoi ! Jupiter a parfaitement raison.

En effet, outre que les pétitionnaires, en réalité, ne veulent qu'imposer aux autres les vertus onéreuses dont ils comptent bien continuer à s'affranchir, c'est-à-dire à amener leurs rivaux de chasse et de pêche, — les uns à ôter le chien de leurs fusils, les autres à les charger avec de la cendre ou de la sciure de bois, — les autres à ne pas mettre d'hameçons à leur ligne, ou du moins à ne pas mettre d'appât à leurs hameçons,

Jupiter entend des demandes si perpétuellement, si obstinément contradictoires, qu'il ne pourrait contenter les uns sans désespérer en même temps les autres.

Quand l'un demande de la pluie, l'autre implore de la sécheresse.
Celui-ci veut du froid, l'autre désire de la chaleur.
Accordez-moi de longs jours pour jouir de ma fortune, dit l'avare.
Comptez donc les jours de mon oncle, dit son héritier : il y a des gens, grand Jupiter, qui ne savent pas mourir, et leurs héritiers souffrent.

Écouter les prières des hommes, ce serait leur donner part au gouvernement de l'univers, ou tout au moins de leur monde sublunaire; or, le monde ne va pas déjà trop bien, au dire des philosophes, quoiqu'il soit gouverné par une intelligence divine, car il n'y a pas de hasard. J'ai recueilli sur le hasard deux pensées qui m'ont paru raisonnables, les voici : « La Providence est le nom de baptême du hasard. »

Dans les projets de l'homme et ses folles visées,
La Providence a su se garder une part;
— C'est ce que le vulgaire appelle le hasard.

Que serait-ce donc si les hommes, par leurs prières trop écoutées, en arrivaient à gouverner eux-mêmes notre monde! Heureusement il n'en est pas ainsi — car l'un retarderait la marche du soleil pour le plus petit de ses intérêts, et l'autre la hâterait pour un caprice — et il y aurait des années sans pommes en Normandie et sans raisins en Bourgogne. —

Di, talem avertite casum!

Faisons cependant une supposition — admettons que Jupiter n'aurait pas eu l'excellente idée de monter tout au haut du ciel, et qu'il serait resté à portée de la voix opiniâtrement glapissante des hommes et de leurs demandes obstinées, et qu'un jour, lassé de ces criailleries, il dise aux Français, du pays desquels un vent importun lui apporterait les plus bruyantes clameurs : Vous voulez donc, mes braves gens, que je fasse régner la justice, la vérité, la bonne foi, l'égalité et la fraternité sur la terre.

Vous voulez que je vous délivre du mensonge, de la vanité, de la paresse, de la gourmandise, du luxe et de la luxure, de l'égoïsme, du jeu, de la chicane et de cent autres vices et défauts dont vous êtes dégoûtés.

— Oui, grand Jupiter ! s'écrieraient les Français en chœur.
— Cependant — ferait observer Jupiter — vous êtes fiers d'être Français.
— Oui certes.
— Vous voulez que votre patrie reste riche et puissante, redoutée au dehors par la force de ses armes, admirée par les progrès de son industrie, par les découvertes de ses savants, par les créations de ses artistes?
— Sans aucun doute.
— Je vous ai donné déjà la seconde moitié des avantages que nous venons d'énumérer.
— Nous le reconnaissons, grand Jupiter, et nous en sommes profondément reconnaissants.
— Vous ne voulez pas retomber dans la barbarie de vos ancêtres, vous ne voulez pas retourner au gland des forêts ?
— Ça ne se demande pas.
— Au contraire, ça se demande; et vous verrez plus tard pourquoi.
— Une pareille pensée n'est entrée dans la tête d'aucun de nous.
— Très-bien ! eh bien ! vos vœux actuels seront exaucés. Allez-vous-en tranquillement vous coucher, et demain matin vous vous réveillerez à l'état de peuple vertueux. Vous ne vous en prendrez qu'à vous, et vous ne m'importunerez plus de vos cris.

Les Français vont se coucher ; mais ils ont de la peine à s'endormir. — Chacun s'occupe avec satisfaction du mauvais tour que la munificence de Jupiter va jouer à ses voisins, à ses connaissances, à ses amis.

Enfin on voit luire ce jour si impatiemment attendu — tout le monde se réveille transformé.

Il n'y a plus de vanité — donc plus d'affectation, plus de déguisement de laides en belles, de vieux en jeunes, plus de manières prétentieuses, plus de mines étudiées; il y a des gens qui paraissent pour la première fois tels qu'ils sont, et que personne ne reconnaît parce qu'ils sont eux-mêmes, et qu'on ne les avait jamais vus comme cela : leur masque ôté, on les croit déguisés. La femme, en se réveillant, envoie dire à sa couturière de ne pas couper la robe de velours noir et la robe de moire bleue qu'elle lui a commandées. — Est-ce qu'elle n'a pas une bonne robe de mérinos pour la maison, et une robe de soie encore fraîche pour sortir ? — Le mari renvoie deux domestiques qui n'ont rien à faire dans la maison; lui et sa femme rient aux éclats en regardant la livrée de leurs gens, livrée couverte de galons d'argent et de soie — ils vendent au fripier ces habits ruineux et ridicules.

Au même instant, dans toutes les maisons de Paris, on fait les mêmes exécutions, chacun renonce à paraître plus riche qu'il n'est — les gens riches eux-mêmes se contentent de l'être, et comprennent qu'ils le seront encore davantage en le paraissant moins; le règne de la justice commence.

Le débiteur reconnaît ses dettes, va trouver son créancier et le paye ou prend avec lui des arrangements amiables. — Le créancier confesse de son côté que les intérêts étaient trop élevés, que le mémoire était enflé, et propose de lui-même une réduction.

Les ex-voleurs restituent ce qu'ils ont dérobé.

Il n'y a plus de gourmandise.

On ne s'amuse plus à manger des fruits et des légumes de primeur, du gibier en temps prohibé. On ne joue plus le rôle honteux de parasite, ni le rôle sacrifié d'amphitryon, sous prétexte de truffes, de vin de Champagne et de vin de Tokai. Ainsi on n'a plus d'indigestions, on ne s'enivre plus, on n'a plus besoin des drogues de l'apothicaire ni des visites du médecin.

On n'est plus avare ni cupide.

On ne s'ennuie plus à passer des journées à piétiner à la Bourse, et à faire des gageures sur les fonds publics. On ne se creuse plus la tête à imaginer des affaires ou des apparences d'affaires ; on ne tend plus de gluaux aux passants, ni de pièges aux capitalistes ; ceux qui n'ont qu'un petit revenu arrangent leur vie d'après ce petit revenu ; ceux qui vivent de leur travail voient leurs besoins tellement diminués, que ce travail nourrit et entretient facilement eux et leur famille : — chacun retranchant de ses dépenses ce qui était fait pour exciter l'admiration et l'envie des autres, on se trouve riche avec étonnement.

Chaque femme se consacre à son mari, à ses enfants, à son ménage, chaque mari se contente de sa femme — le jeune homme s'occupe de se rendre digne de la fille qu'il espère épouser, et la jeune fille, au sein de sa famille, s'occupe de se préparer aux devoirs sérieux du bonheur paisible auquel elle borne ses vœux. — Ainsi on ne porte plus de robes décolletées, on ne fourre plus douloureusement ses pieds dans des souliers qui résolvent le problème jugé insoluble dans toute autre chose que la chaussure de femme : faire que le contenu soit plus grand que le contenant. — On ne déforme pas une taille qui appartient au mari, pour la faire paraître plus mince aux yeux des passants. — Les femmes n'ont tenté d'élever, à l'exemple des Athéniens et des Romains, un temple au dieu inconnu — *deo ignoto* — et de lui sacrifier devoirs, maris, enfants, bonheur de la maison, etc.

La paresse n'existant plus, un seul employé fait très-bien dans une administration ce que dix employés faisaient autrefois très-mal.

Les femmes nourrissent elles-mêmes leurs enfants, s'occupent des soins de leur ménage; elles font leurs vêtements et ceux de leurs maris. Ceux-ci, à leur exemple, s'occupent de l'éducation de leur famille, et rougiraient de demander certains services à des domestiques.

C'est un spectacle touchant que de voir un tel pays et un tel peuple — l'heureuse Bétique n'a jamais joui d'une pareille innocence. On démolit les prisons — il pousse de l'herbe dans la salle des Pas-Perdus du palais de justice — personne n'a plus besoin de fermer ses portes, même pendant la nuit — l'union règne dans les familles et entre les citoyens.

On s'assemble dans tous les temples pour rendre à Jupiter de solennelles actions de grâces — on voit avec plaisir, mais sans surprise, que les cérémonies religieuses sont simples et les pontifes sans magnificence — on se rappelle le vieux proverbe :

Crosse de bois, évêque d'or;
Crosse d'or, évêque de bois.

Qui ne porterait envie à un pareil peuple ?

Eh bien ! Jupiter, qui voit de plus loin que ce peuple, que vous et que moi, et que nous supposons n'être pas encore monté dans un ciel supérieur pour se mettre à l'abri des criailleries, réclamations, imprécations et supplications des mortels; Jupiter, qui nous donne la vie comme je vous raconte une histoire, c'est-à-dire qui sait la fin dès le commencement, Jupiter se hâte d'effectuer son déménagement.

— Eh, quoi ! ce peuple n'est-il pas à tout jamais le plus heureux comme le plus vertueux des peuples ?

C'est ce que nous verrons dimanche prochain, si vous voulez bien vous rappeler assez ce chapitre et le précédent pour faire facilement les raisonnements et les déductions, et pas assez pour refuser de continuer la lecture.

III.
DU CARÊME ET DU JEÛNE.

Il y a diverses manières d'envisager le carême et ses austérités. Qu'il ait été institué par les apôtres, ainsi que quelques-uns veulent l'établir par quelques passages un peu tourmentés de saint Matthieu ou de saint Marc, ou qu'il doive son origine au pape Télesphore, dans le deuxième siècle de l'ère chrétienne, comme c'est le sentiment le plus général, ce n'est pas cette question que je veux soulever.

Les uns voient dans le carême une de ces lois d'hygiène que les premiers législateurs ont mises sous la protection de l'Être suprême, tant ils les considéraient comme nécessaires à leurs peuples. C'est ainsi que Mahomet a fait de la propreté, qui est un devoir envers soi-même et envers les autres, et qu'un ancien philosophe appelait une demi-vertu, un devoir rigoureux envers la Divinité, et qu'il a fixé le nombre d'ablutions quotidiennes au-dessous desquelles l'homme était, pour son Créateur, un objet de dégoût et d'indignation dont il détournait soigneusement les yeux.

En effet, après l'hiver, au moment où la nature se renouvelle, où la terre, comme dit Virgile, est gonflée de printemps, *vere tumet*, il n'est pas un médecin qui ne conseille l'usage des nouveaux légumes et des herbes, et qui en même temps ne vous prémunisse contre les excès en tout genre, plus dangereux en cette saison qu'en toute autre.

Selon les personnes qui ne veulent voir l'institution du carême que sous ce point de vue, l'imitation du jeûne de Jésus-Christ, et la préparation pour l'abstinence et les austérités à la solennelle fête de Pâques, ne seraient que le prétexte religieux donné à une sage loi humaine que l'on voulait rendre inviolable, tandis que pour l'Église, et pour les esprits dévots, c'est la seule et unique cause, et il n'entre dans le jeûne et le carême aucun but humain.

Seulement, il est arrivé à ce sujet un quiproquo dont on peut trouver facilement de nombreux exemples : et en voici un. Pendant bien longtemps les poëtes français n'ont aucune communication directe avec la nature. Ceux du règne de Louis XIV, d'ailleurs, malgré tout leur talent, vivaient à une époque où il n'était pas pour eux fort abordable. De même qu'il était toujours, selon la réponse d'un courtisan, l'heure qu'il plaisait au roi, de même que les dents, lorsque le roi perdit les siennes, furent déclarées quelque chose de trivial, de commun, d'assez mal porté et sentant la populace, les arbres de Versailles se transformaient en murailles, en péristyles et en portiques ; d'autres affectaient la forme d'un vase ou d'une cigogne, etc. La nature, pour ainsi dire, ne paraissait à la cour qu'en grand habit, et avec la perruque des courtisans. Sous son successeur la peinture elle-même crut devoir, avec une certaine grâce apprêtée, corriger la nature un peu trop rustique pour le beau monde, et lui donner un œil de poudre et des mouches. C'est l'époque des arbres bleus et des ciels roses ; le ciel bleu et les arbres verts étaient le ciel et les arbres de tout le monde, une idée et des arbres de campagne bons pour des paysans. Les poëtes donc regardaient la nature dans Théocrite et dans Virgile ; ils ne savaient pas très-bien ce que c'était qu'une rose, mais ils savaient que la première rose était blanche et qu'elle fut teinte du sang de Vénus, qu'Anacréon en couronnait ses cheveux blancs et la coupe, etc. La vigne était une plante, qui, sur les coteaux de Falerne, s'enlaçait dans les ormes. Quand on parlait d'une chèvre, on lui donnait l'épithète de *lascive*, c'était celle qu'on trouve chez les Latins ; et on n'avait aucune raison de la changer, n'ayant jamais vu de chèvre que dans les Bucoliques. Aussi la montrait-on toujours « pendante d'une roche mousseuse et broutant le cytise amer. » On aurait donné une chèvre à quelqu'un de nos poëtes, qu'il aurait dit à sa servante : — Marton, vous donnerez à la chèvre du cytise amer. — Qu'est-ce que le cytise, monsieur ? aurait demandé Marton. — Je ne sais pas trop, Marton, c'est un mot qui a deux syllabes brèves et une longue, c'est un anapeste.

— Où ça se trouve-t-il, monsieur ?

— Mais, Marton, dans bien des endroits, à la fin de la première églogue de Virgile par exemple :

... *Cytisum et salices carpetis amaras.*

Et dans la seconde :

... *Cytisum sequitur lasciva capella.*

C'est ainsi qu'on a toujours appelé en France le mois de mai le mois des roses, tandis que c'est au mois suivant qu'il faut reporter cette belle fête de la nature. Mais ce qui n'est pas vrai pour nos poëtes l'était pour les poëtes grecs et latins qu'ils traduisent, et même pour nos premiers poëtes méridionaux.

De même, dans l'institution du carême, qui vient de l'Orient, l'époque de ces abstinences de viande coïncidait avec le réveil de la nature, avec les premières productions de la terre ; en un mot, avec les peuples de l'Orient, le carême est au printemps, tandis que pour la France, sauf quelques coins du Midi, le carême arrive pendant l'hiver, c'est-à-dire alors que la terre est encore dure et nue, de sorte que, n'ayant pas la ressource des légumes et des herbes, la plupart des gens, je ne parle pas des riches, se nourrissent, pendant le carême, presque exclusivement de poisson salé, et on en consomme alors une si grande quantité, qu'un pape ayant à se plaindre des Hollandais, les menaça de supprimer le carême, ce qui leur aurait fermé un énorme débouché pour leurs salaisons, objet de commerce très-important.

Les austérités du carême ne sont plus aujourd'hui qu'une ombre des austérités non-seulement des premiers siècles de l'Église, mais encore d'époques beaucoup plus rapprochées de nous.

C'est pourquoi il est bon de faire voir aux gens qui en s'acquittant de ce devoir scrupuleusement, en prennent trop d'avantages sur ceux qui y mettent quelque négligence, qu'ils sont plus loin de nos ancêtres, sous le rapport de l'observation du carême, que ne sont loin d'eux ceux qu'ils maltraitent si fort, et que, à juger rigoureusement, personne ne fait plus le carême aujourd'hui, c'est-à-dire que personne ne se conforme à la véritable règle, et que d'adoucissements en tolérances on en est venu à si peu de chose, que réellement ceux qui l'observent n'ont guère le droit de gourmander ceux qui s'en dispensent.

D'ailleurs, quelque agréable qu'il puisse être à Dieu que vous mangiez du poisson au lieu de manger de la viande, cela ne ses vous ne vous exempte pas de quelques autres devoirs, tels que la charité, l'indulgence, l'amour du prochain, etc., dont quelques personnes font l'économie, pensant que tout est permis, pourvu qu'on ne mange pas de viande en carême. Saint Jérôme lui-même a déclaré qu'il ne fallait pas préférer le jeûne à la charité.

Selon la véritable institution du carême, voici quelle est la règle à suivre :

Pendant tout le temps du carême, on ne doit faire qu'un seul repas chaque jour ; ce repas ne devait pas, dans l'origine, être fait avant le soleil couché, mais on en fixa plus tard l'heure à midi : comptant le jour de minuit à minuit. Ce n'est que beaucoup plus tard qu'on imagina, la collation dont on fixe l'origine au treizième siècle. Il fut d'abord permis entre midi et minuit de prendre un peu d'eau pour se rafraîchir, mais non pour satisfaire sa soif. Dans le siècle suivant, on ajouta un peu de pain et de fruit ; mais cette collation n'a jamais été approuvée, mais seulement tolérée, et on trouve la relation suivante d'un cas présenté à un confesseur :

« Léonore a mangé quelques petits poissons à sa collation, mais en si petite quantité qu'elle ne pense pas avoir péché.

» Léonore se trompe, la collation n'est qu'une tolérance ; y manger du poisson est un abus et un péché.

Voici quelques autres cas jugés par des docteurs et quelques-uns par le pape Benoît XIV, qui feront voir comment on entendait autrefois le carême, ses abstinences et ses austérités. J'espère démontrer ainsi à ceux qui se soumettent aujourd'hui à l'ombre du carême qui se pratique que, loin de s'enorgueillir vis-à-vis de ceux qui font moins qu'eux, ils seraient plus sages et plus justes de s'humilier du peu qu'ils font eux-mêmes, car ils ressemblent à ce pèlerin qui ayant fait vœu d'aller je ne sais où avec des pois dans ses souliers trouva la chose si dure, qu'au premier relais il fit cuire ses pois.

Je ne parle pas des gens riches et gourmands qui attendent avec impatience le temps d'austérités pour se régaler, et cette époque de jeûne pour faire leurs meilleurs dîners : pour eux, grâce à l'art des primeurs, le carême n'est en effet au mois de juin et de juillet, c'est-à-dire qu'ils ont à discrétion les légumes et les fruits. De telle sorte que l'abstinence du carême n'est réellement observée que par ceux qui le plus souvent ne jeûnent que trop pendant le reste de l'année.

On sait l'histoire de ce paysan qui avait été domestique chez son seigneur, et qui disait : Je ne peux pas faire maigre, c'est trop cher ; il faut des truites de Genève, des carpes du Rhin, des fruits et des légumes de primeur, du vin de Champagne et des truffes.

Ce n'est pas ainsi qu'on entendait l'abstinence aux époques où je vais prendre quelques exemples jugés parfaitement jugés bons en 1760 et probablement plus longtemps. Un aubergiste appelé Gobart loge chez lui plusieurs personnes qui veulent souper les jours de jeûne, et il leur donne à souper : croyant ne pas pécher, parce que, s'il leur refuse à souper, ils ne s'abstiendront pas pour cela, mais iront simplement souper chez un autre aubergiste, et que le seul résultat sera qu'il ne pourra plus gagner sa vie et celle de sa famille.

Gobard se trompe, il ne doit pas pourvoir à la subsistance de sa famille et à la sienne par le péché. C'est la doctrine de saint Paul sur ce sujet, Gobard est criminel.

Le mardi gras, Émeric mange jusqu'à ce que l'horloge voisine sonne minuit. Au premier coup de minuit il remet sur son assiette la bouchée qu'il tenait déjà aux pointes de sa fourchette. Mais il se trouve que cette horloge retarde d'un quart d'heure, et que, au moment où elle sonne minuit, il est minuit un quart à toutes les autres horloges: donc, en réalité, Éméric ne peut se conformer au jeûne, dont la règle est de ne rien prendre depuis minuit jusqu'à midi. Éméric a-t-il péché?

Si l'horloge passe pour une bonne horloge, si elle est d'ordinaire bien réglée, et si c'est elle qu'Éméric a coutume de consulter, il n'a pas précisément violé la loi du jeûne — il est inutile de dire qu'il est criminel, s'il savait cette circonstance que l'horloge retardait, — mais seulement si cette horloge passe dans la ville pour ne pas être excellente, pour se déranger facilement, pour retarder ordinairement sur celles de la ville, Éméric alors est coupable : — c'est l'opinion du père Sanchez.

André, un jour de jeûne, tout en l'observant rigoureusement, c'est-à-dire en ne mangeant de minuit à midi qu'une seule fois à l'heure de midi, se laisse aller à penser avec plaisir au moment où il fera ce repas, ou bien il se rappellera avec complaisance quelque bon dîner qu'il a fait dans une autre occasion : cette gourmandise platonique n'est qu'un péché léger, mais c'est un péché.

Parmi les moines anciens, on en a vu qui ne mangeaient qu'une fois en trois jours; d'autres une fois en six jours. — Il y a eu, parmi les moines d'Orient, dans le monastère de saint Pacôme, un religieux nommé Jonas qui pendant quatre-vingt-cinq ans fut employé à cultiver le jardin — jamais il n'en goûta un seul fruit. Il ne mangea jamais rien de cuit; sa nourriture consistait en herbes crues trempées dans du vinaigre. Il ne se permettait, la nuit, de dormir que sur une chaise.

Saint Julien Sabas ne mangeait qu'une fois la semaine, ce repas se composait de pain de millet avec de l'eau et du sel; il avait cent disciples qui suivaient le même régime. — Saint Macaire d'Alexandrie, dont je vous parlais dernièrement, avait renoncé au pain et à l'eau, y trouvant trop de sensualité : il ne mangeait que le dimanche, et ce jour-là son repas se composait de feuilles de chou crues.

Les moines du mont Sina avaient de même rejeté le pain de leur nourriture, ils ne mangeaient que quelques dattes scrupuleusement comptées. Il y avait du pain dans la cellule du supérieur, mais il ne servait qu'à régaler les voyageurs et les hôtes.

Saint Pierre Damien, cardinal, parlant des austérités des religieux dont il était le supérieur, affirme qu'il y en avait quelques-uns parmi eux qui passaient l'avent et le carême sans manger, excepté les dimanches et fêtes.

Selon l'ancienne constitution des Chartreux, dont la règle est plus récente, ils ne faisaient qu'un seul repas le lundi, le mercredi et le vendredi, et ce repas consistait en un morceau de pain, une certaine mesure d'eau et un peu de sel. Les autres jours, ils ajoutaient un peu de légumes. Depuis les ides de septembre jusqu'à Pâques, ils ne faisaient qu'un de ces repas chaque jour.

Saint François de Paule, instituteur des Minimes, qui a vécu jusqu'à quatre-vingt-onze ans, ne mangeait chaque jour qu'après le coucher du soleil. Il passait souvent deux, trois et quatre jours sans manger.

Jean de la Barrière, auteur de la réforme des Feuillants, ne vécut pendant quatre ans que de fleurs de genêt et d'herbes sauvages, sans pain. Sa vie fut imitée par plusieurs religieux de son ordre, qui embrassèrent la réforme. Voici leur règle : Ils marchaient nu-pieds, sans sandales; ils avaient toujours la tête nue, dormaient tout vêtus sur des planches et ne mangeaient qu'à genoux. — Il y en avait qui buvaient dans des crânes de mort. Ils se nourrissaient d'herbes cuites avec du sel; mais quelques-uns retranchaient le sel; d'autres mangeaient les herbes crues, mangeaient du pain de farine d'orge dont on ne séparait pas le son. — En 1595 on modéra ces rigueurs.

Les carmélites réformées par sainte Thérèse se faisaient un plaisir d'imaginer des privations et des austérités — quelques-unes mangeaient des glands, d'autres ne se nourrissaient que de feuilles de vigne — celles qui mangeaient des légumes n'y mettaient pas de beurre; puis elles ne tardèrent pas à se retrancher également le sel — quelques-unes saupoudraient leurs aliments de cendre, ou y mêlaient quelques herbes amères ou fétides, telles que l'absinthe et l'aloès. On en a vu qui ne mangeaient jamais que du pain avec un peu d'eau — se fixaient un nombre de bouchées de pain, qu'elles s'efforçaient sans cesse de diminuer, — c'était un grand triomphe quand on était arrivé à ne plus manger que douze ou treize bouchées de pain chaque jour — on s'exerçait aussi à ne pas boire, on se fixait un nombre de gorgées d'eau, qu'on ne dépassait jamais, et que l'on s'occupait sans cesse à restreindre.

On lit dans un livre de sainte Thérèse des détails curieux sur la bienheureuse Catherine de Cordoue. Après avoir dans le monde et à la cour d'Espagne pratiqué de grandes austérités, elle prit la résolution de quitter la cour et de se retirer dans une caverne. Elle couchait sur la terre nue, une pierre lui servait de chevet.

Elle se réduisit graduellement à paître l'herbe comme les bêtes; et, pendant le carême, pour augmenter ses austérités, elle ne se permettait pas de s'appuyer sur ses mains pour brouter avec moins de fatigue.

Les mahométans, du reste, pratiquent encore le jeûne avec une extrême sévérité. Joseph de l'Isle, prieur et abbé, affirme qu'il est défendu aux Persans, durant le temps du jeûne, de se baigner, de se laver la bouche, les lèvres et même le visage, de peur que ce rafraîchissement ne soit une infraction à l'abstinence. Quelques-uns n'avalent pas leur salive et tiennent leur bouche fermée le plus possible; prétendant que l'air rompt le jeûne, s'il est pris au delà de ce qui est rigoureusement nécessaire pour ne pas étouffer.

Pour les mahométans, toucher la main d'une femme en temps de jeûne c'est y manquer complètement.

Je ne rapporterai pas ici les lois et les rigueurs cruelles appliquées à ceux qui mangeaient de la chair en carême — cela n'entre pas dans le plan de cet article, où je veux surtout montrer aux fervents d'aujourd'hui combien ils sont loin des austérités que s'imposaient volontairement les fervents d'autrefois.

Jeanne, fille de Louis XI, qui fut épousée et répudiée par le duc d'Orléans, depuis Louis XII, en 1498, se retira à Bourges, où elle fonda l'ordre des Annonciades.

Lorsque le cardinal de Luxembourg lui lut la sentence de nullité de son mariage avec le roi — à peine commençait-il la lecture, dit un écrivain ecclésiastique, que le ciel, jusque-là fort serein, s'obscurcit, le tonnerre gronda, d'épaisses nuées changèrent le jour en sombre nuit, de sorte qu'il fallut faire apporter des flambeaux pour no'fier l'arrêt de divorce, que le cardinal lut d'une voix tremblante.

Entre autres austérités auxquelles elle se livra, on en cite une assez étrange.

Jeanne de France jouait bien du luth, elle considéra comme un péché le plaisir qu'elle y prenait; et pour en détruire la cause à la fois et l'expier, elle cassa son luth et en fit un instrument de pénitence et de mortification : c'était une croix à laquelle elle attacha cinq clous assez longs, dont les pointes sortaient d'un côté; elle s'appliqua ces pointes sur la poitrine, et porta ainsi cette croix sur la peau le reste de ses jours.

Jeanne de France a été béatifiée, et l'Église la commémore le 4 février.

Tout en gardant quelques doutes sur le degré de plaisir que fassent à Dieu ces cruautés exercées sur soi-même, il est intéressant de voir comment cette malheureuse reine expiait les péchés de son mari; tandis que tant d'autres gens méconnaissent les principes de la morale, la pratiquent de telle façon qu'ils trouvent moyen de faire expier leurs propres fautes aux autres et montrent moins d'amour de Dieu que de haine du prochain, n'ayant de religion que tout juste ce qu'il en faut pour se haïr sans scrupule les uns les autres.

Je n'entrerai pas dans les détails des austérités de toutes natures qu'inventèrent les anciens solitaires, je n'ai voulu parler que du carême; et d'ailleurs quelques-unes de ces imaginations consistant à ne jamais changer de vêtements et à se laisser manger tous vivants par les vers, ce serait un médiocre plaisir pour les lecteurs que de les offrir à leur imagination.

J'ai lu dans un casuiste le récit d'une leçon ingénieuse donnée à un prédicateur trop sévère par un curé de campagne.

C'était une montagne escarpée qu'était la paroisse. — Le prédicateur y arrive fatigué, mais seulement au moment de monter en chaire. — Il était naturellement rigide, mais de plus la difficulté des chemins et la fatigue l'avaient mis un peu de mauvaise humeur. — Il n'en prêcha que mieux et fut terrible en parlant de la nécessité des austérités, de l'abstinence et du jeûne; il n'épargna pas les menaces à ceux qui ne les pratiquaient pas; il tonna contre le luxe, la gourmandise, les plaisirs et la volupté; — puis, le sermon terminé, il alla dîner chez le curé.

Celui-ci était un très-brave homme, qui aimait ses paroissiens comme ils eussent été ses enfants; il avait été affligé de les voir traiter aussi rudement.

Cependant, il ne dit rien. On met la table, on s'assied, et la vieille servante du curé apporte un gâteau de farine de châtaigne et de l'eau. Le prédicateur accepte un morceau du gâteau, en le réservant pour la suite du dîner : mais le curé l'avertit que c'est tout le repas.

— Hélas! dit-il, nous sommes ici tous pauvres, et, malgré mes efforts, il y a encore des familles qui sont loin d'avoir une suffisance de ce pain de châtaigne qui ne vous paraît pas très-bon.

Le casuiste approuva le curé, jusqu'à un certain point; mais il blâma le prédicateur, d'avoir, après cette leçon, adouci dans un second sermon les principes développés dans le premier.

Je n'ai pas voulu, dans ces lignes, rien dire contre l'institution du jeûne et des abstinences, tout ce qu'on fait à cause de l'honneur de la puissance divine est respectable; mais je me persuaderai difficilement que le zèle qu'on emploie à faire souffrir les autres soit un corollaire indispensable du zèle qui vous porte à vous imposer à vous-même des abstinences. Il me semble même assez vraisemblable que le complément d'un carême pendant lequel, vous qui vivez d'ordinaire dans l'abondance, vous vous imposez le jeûne, avec l'intention et l'espoir d'être agréables à Dieu, rendrait ce résultat plus certain peut-être, si, en même temps que vous jeûnez, vous empêchiez de jeûner quelques-unes de ces pauvres familles qui ne jeûnent que trop malgré elles, et pour lesquelles la vie tout entière n'est qu'un long et rigoureux carême. Appliquez à leurs besoins ce que vous retranchez de vos habitudes pendant ce temps de sévérité, et alors, de l'aveu de tout le monde, catholiques fervents ou catholiques modérés, ou pis encore, vous aurez fait, sans contestation possible, pendant votre carême, une œuvre sainte et tout à fait agréable à Dieu.

IV.

LES PAUVRES ET LES MENDIANTS.

On a fait de gros livres et de longs sermons sur la charité, on a gourmandé mille et mille fois la dureté des riches, etc., et l'on n'a pas diminué le nombre des pauvres.

Je commencerai ce que j'ai à dire à mon tour sur ce sujet par défendre ces pauvres riches, qui ne sont pas aussi mauvais qu'on le dit. On sait bien qu'ils ne donnent pas autant que les pauvres, mais ils ne le peuvent pas; et cela par une bonne raison : c'est qu'ils ne savent pas. Il n'y a que ceux qui n'ont pas assez de pain qui partagent ce qu'ils en ont avec ceux qui n'en ont pas du tout. On ne compatit pas

— Prince, dit le maître d'hôtel, j'ai réfléchi qu'il est bien malheureux que ces pommes de terre ne soient pas des truffes, et que nous n'ayons pas un dindon dans lequel je les glisserais.

facilement aux maux qu'on n'a pas soufferts; et quand je vois un riche donner, j'en suis très-touché. On a dit dans un autre ordre d'idées :

« Défiez-vous des gens qui n'ont jamais souffert.
Né riche, le rimeur ne fera rien qui vaille :
Sous peine de rester un fruit dur, âpre, amer,
La nèfle doit mûrir, au grenier, sur la paille.

J'ai retenu deux belles paroles sur la bienfaisance : l'une est de Bossuet, je crois.

« Rappelez-vous, dit-il aux riches, que de tous vos trésors vous n'emporterez avec vous dans l'autre monde que la part que vous en aurez donnée dans celui-ci. »

L'autre est de Victor Hugo :

« Qui donne aux pauvres prête à Dieu. »

Pour résumer — les riches donnent et donnent beaucoup en France — et je vois même tous les jours des gens qui sont loin d'avoir du superflu faire à de plus pauvres qu'eux une part sur leur nécessaire. Il faut donc s'étonner de voir autant de misère dans un pays où on est aussi naturellement généreux — j'en ai souvent et assidûment cherché les causes; je ne prétends pas les avoir toutes découvertes, je n'ai pas l'intention non plus de dire ici tout ce que je sais — je ne veux traiter qu'un des côtés de la question.

Un médecin qui ne s'occuperait que de combattre les effets d'une maladie sans en rechercher les causes et les attaquer passerait à juste titre pour un médiocre médecin ou pour un homme plus soucieux de se conserver de l'ouvrage que de guérir son malade. — La jaunisse durerait longtemps à celui qui se contenterait d'user de cosmétiques pour changer la couleur fâcheuse de sa peau ou de se barbouiller de blanc de céruse.

C'est cependant la recette de beaucoup de moralistes, et je parle de ceux qui se disent les plus sérieux, et ne parlent jamais qu'avec les sourcils froncés. — Ils trouvent que c'est une assez vilaine chose que les égouts, et ils se mettent à fermer les égouts, sans s'occuper préalablement si on peut dessécher les ruisseaux — de laquelle morale il ne sort que du gâchis.

C'est ainsi qu'on a fermé trois ou quatre maisons de jeu publiques où la police avait ses agents, où les chances du jeu étaient connues d'avance de ceux qui y venaient exposer leur argent, — où ces chances inégales, il est vrai, mais évidentes une fois acceptées, le joueur était à peu près sûr de perdre, mais seulement par le résultat des chances qu'il savait. Ces maisons publiques ont été remplacées par une quantité innombrable de tripots clandestins, où la police n'exerce et ne peut exercer qu'une surveillance difficile et intermittente, dont elle n'apprend l'existence que lorsqu'elle a déjà causé beaucoup de mal, et où les dupes, outre les chances ordinaires de la roulette ou de tout autre jeu, sont encore exposées aux ruses variées des filous.

Il y a des gens qui ont la manie, la passion du jeu. Ces gens-là, vous ne les empêcherez pas de jouer. Fermer les maisons publiques, c'est les livrer sans protection aux coupeurs de bourse.

Mais beaucoup croient que la vertu consiste à être sévère pour les autres. Ces gens-là démoliraient les garde-fous d'un pont par haine des ivrognes.

C'est ainsi qu'on est arrivé à défendre la mendicité — je dis défendre et je ne dis pas proscrire, car la mendicité est aussi florissante que jamais. — Il est dangereux et immoral de bâcler légèrement des lois ou des décrets, parce que si, dans la précipitation, on a par hasard ordonné une chose impossible ou défendu une chose inévitable, on arrive à passer par-dessus ou par-dessous la loi ou le décret, ce qui diminue d'autant le respect de la loi en général, lequel respect n'a pas besoin d'être diminué en France. Une loi doit être exécutée ou abrogée; tant qu'une loi existe, l'autorité *ne doit reculer devant* RIEN pour la faire respecter : les ordonnances qui défendent la mendicité ne sont pas exécutées et ne peuvent l'être, parce qu'il aurait fallu d'abord défendre la pauvreté et la faim, et que cela présente des difficultés.

Il me semble cependant que ces difficultés ne sont pas insurmontables. Je l'ai dit en commençant cet article, il se donne en France énormément d'argent pour les pauvres; cet argent, distribué équitablement entre les besoins véritables, aurait, sans aucun doute, pour résultat la satisfaction de ces besoins. Mais, dans les formes insouciantes de la charité ordinaire, cela a servi jusqu'ici, non pas à diminuer le nombre des pauvres, mais à augmenter le nombre des mendiants, en faisant de la mendicité un des métiers les plus productifs.

Je m'explique :

Le pauvre est un homme qui ne peut pas momentanément ou ne peut plus subvenir, par le travail, à ses besoins et à ceux de sa famille.

Dans le premier cas, la cause de sa situation est une maladie, une blessure ou un chômage, un manque d'ouvrage.

Dans le second cas, il est réduit à la misère par la vieillesse ou les infirmités.

Je crois qu'avec le temps l'association entre les ouvriers du même état, c'est-à-dire faisant les mêmes gains et courant les mêmes risques, arriverait à prévoir ces deux cas de pauvreté et à les rendre à peu près nuls. Le très-peu d'associations de ce genre qui ont été conduites avec probité et intelligence ont produit de si puissants résultats, que c'est une question aujourd'hui hors de doute. Seulement il ne faudrait pas que le gouvernement se contentât de permettre ces associations, il faudrait qu'il les aidât de tout son pouvoir.

En attendant ces heureux résultats qui commenceront à se faire sentir aussitôt qu'on s'en occupera sérieusement, il faut ne pas laisser mourir de faim les malheureux auxquels manquent ou l'ouvrage ou la force. En attendant que les gens charitables puissent donner avec sécurité et à coup sûr, il faut bien donner aux individus, et le moins possible au hasard.

D'ailleurs, il y a un grand nombre de gens qui n'ont pas d'état, qui font un peu de tout et ramassent les miettes du travail; les gains de ces gens-là sont si minimes, et d'ailleurs leurs industries douteuses sont si difficiles à classer, qu'il est à craindre qu'ils ne puissent que bien peu ou peut-être pas du tout profiter des bénéfices de l'association.

En un mot, il y aura toujours des pauvres, et il y en a beaucoup aujourd'hui.

Il serait donc bien important que les sommes données par la charité arrivassent en réalité aux vrais besoins et seulement pendant le temps de la durée de ces besoins, c'est-à-dire que l'argent destiné aux pauvres ne fût pas intercepté par les mendiants.

Car il ne faut pas confondre les pauvres et les mendiants : la pauvreté est une situation, la mendicité est une profession. — Le mendiant n'attend pas et ne cherche pas d'ouvrage, il a son industrie qu'il exploite ; il cultive la charité comme le laboureur cultive son champ, comme le menuisier rabote les planches, comme le forgeron martèle le fer, comme le maçon gâche le plâtre.

Le mendiant se lève le matin pour aller mendier comme un ouvrier va travailler. Il faut encore qu'il y ait dans ce pays un fonds bien grand de fierté et d'honneur pour qu'il n'y ait pas plus de mendiants encore qu'il y en a. En effet, il n'y a guère de profession manuelle qui fasse gagner autant à celui qui l'exerce que la mendicité. La maladie, les infirmités, n'amènent pas de chômage pour le mendiant ; loin de là, elles augmentent ses ressources et ses bénéfices.

C'est ainsi que les mendiants volent les pauvres.

— Enfin, vous savez que vous pouvez vous délivrer de lui pour un sou, et vous finissez par payer votre rançon.

Au milieu de vos affaires, de vos soucis, de vos plaisirs, de vos chagrins, de vos préoccupations de tout genre, vous songez quelquefois aux pauvres, et vous pouvez et vous voulez consacrer à soulager la misère de vos semblables une certaine somme chaque année. — Les pauvres sont chez eux, dans des greniers, dans des taudis, malades, au lit, — il faut les chercher, il faut les trouver.

Le mendiant, au contraire, se présente à vous ; il vient à votre porte, il vous attend sur votre passage ; il ne vous laisse prendre aucune peine, ne vous cause aucun dérangement ; il vous rend la charité facile, il permet à la bonté d'être paresseuse, il ne vous laisse pas oublier sa misère, il en occupe vos yeux et vos oreilles. — D'ailleurs, si vous ne cédez pas à sa prière, vous céderez à son importunité ; il essaye d'abord de vous attendrir : il est infirme, il a faim, il a froid. — Vous êtes préoccupé, vous n'avez pas de monnaie, ou vous n'êtes pas touché de ces plaintes récitées ou psalmodiées. Il a un autre moyen ; quand il vous voit décidé, il se décide aussi ; il vous fatigue, il vous harcèle, il vous agace ; il vous suit en murmurant quelque chose que vous n'entendez pas, mais dont la mélopée traînante vous impatiente. Vous tenez bon quelque temps, vous doublez le pas ; mais, quelque boiteux qu'il soit, il règle son pas sur le vôtre, vous renoncez bientôt à lutter d'agilité avec lui. Enfin, vous savez que vous pouvez vous délivrer de lui pour un sou, et vous finissez par payer votre rançon.

Comptez combien de sous vous donnez ainsi par semaine, combien par mois, combien par année.

Ce que vous donnez aux mendiants, vous le donnez de moins aux pauvres, et tout le monde est comme vous, de sorte que de beaucoup d'argent donné pour les pauvres il leur en arrive réellement fort peu.

J'entendais l'autre jour derrière ma cabane, au bord de la mer, quelques hommes qui controversaient sur le temps.

— Beau temps ! disait un pêcheur.
— Mauvais temps ! lui répondait un laboureur.
— Comment ! mauvais temps ! Vent d'*amont* depuis un mois ! la mer unie comme une glace !

— Oui, mauvais temps, car avec ce vent de nord-est il n'y aura pas de pluie, et la terre souffre.
— Vous demandez toujours de la pluie, vous autres.
— Et vous autres, vous n'en voudriez jamais.
— Ma foi ! c'est que ça ne me paraît pas bien arrangé. Qu'il pleuve sur vos terres, puisque vous dites que c'est nécessaire pour votre état, je le veux bien ; mais dites-moi un peu à quoi ça sert qu'il pleuve sur la mer, si ce n'est à mouiller les pauvres diables de pêcheurs ?

Le laboureur ne répondit pas.

C'est que le laboureur ferait la même observation lui-même, s'il voyait, par impossible, tomber une pluie insuffisante pour la soif de la terre au mois d'avril ; il regretterait amèrement ce qu'il en verrait tomber sur la mer, il regretterait aussi ce qui en tomberait sur les routes pavées et sur les toits de tuiles et d'ardoises. N'a-t-on pas d'ailleurs imaginé les gouttières et les citernes pour rassembler et réserver l'eau qui se perdrait inutile et inféconde ? La charité n'est pas aussi généreuse que les nuages qui montent de l'ouest ; il ne faut pas qu'elle s'expose à rien verser sur les toits ni sur les pavés ; il faut ne rien laisser perdre de ce qu'elle donne ; il faut rassembler ainsi et réserver ses eaux pour les distribuer avec intelligence.

Voici des marais incultes et malsains, le pays ne produit que la fièvre. — Réunissez les eaux, faites-en une rivière, vous assainirez le pays et vous rendrez la terre fertile.

Ce qu'il faut faire, c'est canaliser la charité.

C'est-à-dire rassembler, réserver et distribuer ses dons.

L'institution des bureaux de bienfaisance et la prohibition de la mendicité sembleraient devoir résoudre le problème, et le résoudraient en effet si le livre répondait toujours au titre et le spectacle à l'affiche. D'abord, la mendicité n'est pas abolie, elle n'est que défendue — par conséquent la mendicité intercepte et absorbe la plus grande partie des ressources sur lesquelles devraient compter les bureaux de bienfaisance : — ceux-ci, trop pauvres eux-mêmes, ne

Celui-là dit au moindre prétexte : Je suis membre du bureau de bienfaisance, — mes pauvres, etc., et c'est tout.

peuvent faire assez pour une partie des indigents qui deviennent mendiants ; une fois mendiants, ils font une profession de ce qui n'était qu'un accident et ils contribuent à leur tour à dépouiller les autres pauvres. Il est donc nécessaire d'abolir la mendicité — mais on ne peut abolir la mendicité sans férocité et sans imprudence, tant qu'on n'aura pas assuré des ressources à la pauvreté.

Il faudrait que chaque commune fût chargée de ses pauvres — c'est-à-dire que tant par les résultats de la charité publique qui tomberaient tous entre ses mains, que par les travaux et par l'association entre les ouvriers, etc., elle eût à subvenir aux besoins réels de ceux qui ne peuvent pas ou ne peuvent plus travailler, et cela seulement dans la proportion et pour la durée réelle des besoins. On ne peut être facilement trompé à ce sujet par des gens dont on connaît la demeure, la vie, les habitudes, les ressources, les antécédents, comme on l'est par des mendiants prudemment nomades, qui ne vous laissent aucun moyen de vérifier leurs assertions, et dont vous ne pouvez savoir rien, si ce n'est qu'ils vous demandent de l'argent.

Du jour où chaque pauvre trouverait des ressources dans sa commune, il serait permis et facile d'abolir la mendicité. On ne craindrait plus de confondre les pauvres que l'on doit secourir avec les mendiants que l'on doit réprimer, et qui, odieux parasites, vivent aux dépens des pauvres.

Que l'on ne craigne pas de surcharger les communes par cette obligation. De deux choses l'une : ou la charité publique fait assez pour les pauvres, et alors le seul changement est celui-ci : c'est que les bureaux de bienfaisance disposeront, outre leurs ressources ordinaires, de tout ce qu'on ne donnera plus à l'importunité des mendiants de profession : ou bien la charité publique ne fait pas assez, et alors il faut s'occuper de faire davantage. Et le moyen le moins onéreux d'augmenter les ressources est, sans contredit, de régulariser l'emploi des ressources ordinaires et déjà acquises.

Quelques communes, il est vrai, auraient plus de pauvres, que d'autres, et en même temps moins de ressources; mais c'est l'affaire du gouvernement de rétablir l'équilibre de la même façon que l'on vient au secours d'une commune trop pauvre pour payer son instituteur.

Au point de vue général, le résultat serait incontestablement celui-ci : sans que personne donnât un sou de plus, la misère recevrait davantage.

Mais ce n'est pas tout.

Je suppose cette amélioration réalisée, la mendicité supprimée, les vrais pauvres seuls secourus et héritant de leurs parasites, les bureaux de bienfaisance usant de ressources énormément accrues par l'adjonction de ce qui ne serait plus intercepté par les mendiants, et aussi par ce que donneraient de plus les nombreuses personnes qui seraient stimulées par la certitude de voir leurs aumônes sérieusement utiles et toujours bien placées, il resterait des avis à donner à un certain nombre de membres des bureaux de bienfaisance. Ces avis, les voici :

En général, on n'a pas en France sur les fonctions publiques des idées très-saines et très-arrêtées. Dans ce pays, où l'égalité n'est réclamée et acceptée que par les inférieurs, ce qui lui donne un assez forte ressemblance avec l'envie — tout le monde veut être quelque chose, tout le monde veut sortir de la foule; il n'est pas de fonction publique, quelque mince, quelque dépréciée qu'elle soit, qui ne soit disputée par de nombreux concurrents. S'il était possible qu'il y eût des fonctions publiques ridicules à force d'être illusoires, ne craignez pas pour cela de manquer de candidats. On veut paraître — et quand on n'est pas grand, le moyen le plus simple est de se jucher sur quelque chose.

Je ne parle pas pour le moment des fonctions très-rétribuées.

Mais les devoirs qu'imposent les fonctions publiques, les obligations qu'elles renferment, les sacrifices qu'elles exigent, c'est de quoi on ne songe même pas à s'informer.

De sorte que, le jour arrivant de s'acquitter de ces devoirs et de ces obligations, ou de faire ces sacrifices, les gens sont interdits, incertains. Ils n'y ont pas pensé; ils n'y ont jamais songé : — c'est ainsi que nous avons vu manquer de résolution et de dévouement des hommes qui avaient obtenu des fonctions plus ou moins éminentes, dans lesquelles ils n'avaient prévu que certains avantages tant pour leur bourse que pour leur vanité.

Ce n'est pas seulement se montrer ridiculement vaniteux que de solliciter ou d'accepter des fonctions pour lesquelles on n'a ni assez de capacité, ni assez d'aptitude, ni assez de ferveur : — c'est encore commettre une mauvaise action; c'est usurper inutilement la place qu'un autre remplira à l'avantage de tous.

Ce n'est pas une sinécure que les fonctions d'un membre de bureau de bienfaisance, — il faut y mettre une grande assiduité et une grande ardeur — il faut se défier un peu des misères qui se montrent trop volontiers, découvrir celles qui ne se montrent pas, et trahir celles qui se cachent.

Certes, il y a parmi les personnes qui ont accepté ces nobles fonctions des exemples nombreux d'une tendresse profonde pour les malheureux et d'un dévouement à toute épreuve.

Mais tous n'ont pas cette aptitude à la bienfaisance.

Celui-ci, par sa naissance, par son intelligence, n'avait aucune chance d'exercer jamais une puissance, une domination quelconque — il trouve dans les pauvres qu'il est chargé de secourir une obséquiosité, une humilité dont il jouit; il parle avec hauteur sans crainte de représailles, il prononce, il juge sans appel — il reçoit des prières, des supplications, on s'adresse à lui en hésitant, en tremblant; on attend sa réponse avec anxiété, et il dit : Je verrai !

Celui-là n'a aucun rapport avec ses fonctions — il met sur ses cartes de visite : « Membre du bureau de bienfaisance; » il dit au moindre prétexte : Je suis membre du bureau de bienfaisance, — mes pauvres, etc., et c'est tout.

Un autre espère que c'est un moyen d'avoir la croix d'honneur ou d'être nommé député.

Je ne veux pas parler de ceux qui tirent de cette position des bénéfices odieux — on m'assure qu'il y en a — je n'en ai pas vu — si ce n'est un seul — celui-là volait franchement l'argent des pauvres.

Le curé de la commune est d'habitude membre du bureau de bienfaisance : en effet, il pénètre dans les familles avec facilité — il peut découvrir une misère cachée, et porter des secours avec des consolations et des espérances — le curé n'est pas un homme, c'est un prêtre; ses secours n'humilient pas.

J'ai presque toujours vu les curés être les membres les plus utiles d'un bureau de bienfaisance — cependant il faut quelquefois balancer leur influence; quelques-uns, aveuglés par un faux zèle, et peu chrétiens à force d'être catholiques, oublient que les pauvres sont tous les enfants préférés de Dieu : ils ne donnent volontiers de secours qu'à ceux qui sont de leur communion — qu'à ceux qui s'acquittent, sinon avec ferveur, du moins avec ostentation, des pratiques les plus minutieuses de la dévotion. Ils sont souvent les dupes de leur zèle, et se laissent séduire par des grimaces.

Tel membre du bureau de bienfaisance exige des pauvres de telles vertus et dans une si haute perfection, que peu de riches oseraient se soumettre à un pareil examen. Si les pauvres avaient les vertus qu'il leur impose, ce n'est pas du pain qu'il devrait leur donner, ce serait de l'ambroisie, et il faudrait les servir à genoux. Il faut être un saint pour qu'il vous donne un sou sans regret; si vous n'êtes qu'un sage, il vous dira : Dieu vous assiste ! Si vous êtes un homme comme les autres, il vous fermera la porte au nez.

Un autre ne s'occupe que des misères évidentes, notoires, des misères arrivées à un certain point de maturité. Il faut que le bruit public lui dénonce tardivement les endroits et les gens où il aurait fallu porter des secours, auxquels il aurait fallu faire du bien.

Un fait récent peut montrer à quel point la combinaison des défauts dont je viens de désigner sommairement quelques-uns peut empêcher une institution charitable de parvenir à son but.

Une pauvre fille, une ouvrière, a cédé aux prières, aux promesses d'un homme qui devait l'épouser — bientôt elle ne peut plus cacher les suites de sa faiblesse — quelques personnes refusent déjà de l'employer; cependant elle cherche de la besogne d'un autre côté — elle travaille avec une nouvelle ardeur, elle pense à cet enfant qui va venir lui imposer des devoirs difficiles — mais que de riches ne manquera pas — elle veille, elle s'épuise; après son travail elle fait la layette — mais les indispositions arrivent, ses forces l'abandonnent; il faut renoncer au travail — elle s'opiniâtre à ne pas entamer le petit pécule qu'elle a si péniblement amassé pour son enfant — elle mange du pain et boit de l'eau — puis elle diminue sa ration de pain.

Mais bientôt elle pense que cette pauvre petite créature ne vit que de sa vie et de son sang — c'est elle qu'elle prive en se privant. A cette pensée, elle n'hésite plus à dépenser ses économies. Elle arrive au moment fatal, sans argent, sans secours. — Ce n'est que tardivement, et après des essais infructueux, que les voisines obtiennent la présence d'une sage-femme. L'amant est accouru, mais il est aussi pauvre qu'elle. Le bruit public porte enfin la chose au bureau de bienfaisance de la commune; on envoie un médecin, qui prescrit quelques drogues : — médecin et drogues sont insuffisants ou tardifs. — La pauvre fille agonise sur une paillasse — quand le prêtre vient lui donner l'extrême-onction, un voisin jette un drap sur le lit; il n'y a pas de draps. Elle meurt.

A ce sujet, quelqu'un écrit à un journal, pour exprimer avec une grande modération quelques regrets de ce que la bienfaisance n'a pas sa police, comme la politique, comme la justice; — il serait beau d'être espion, d'être mouchard des misères pudiques et cachées, et de les dénoncer à la commisération des bonnes âmes; — il s'étonne que le bureau de bienfaisance de la commune où ce fait si triste s'est passé n'ait pas connu ou ait connu trop tard ce sinistre événement.

Que pensez-vous que fasse le président de ce bureau de bienfaisance — cet homme qui a consacré sa vie aux œuvres charitables? — vous pensez qu'il va joindre ses regrets à ceux qu'on vient d'exprimer? qu'au besoin peut-être il va expliquer le retard des secours apportés?

Nullement; il n'est pas affligé, il est irrité, exaspéré; cette fois il est informé à temps de ce qu'il ne se passe; cette fois il ne manque pas un instant; tout ce qu'il lui a manqué d'empressement pour la charité, il le trouve pour la vengeance. Il se fait aider par je ne sais qui dans la fabrication d'une lettre ridiculement injurieuse contre l'auteur de l'article et contre la morte : — Elle a reçu des secours, mais elle ne les méritait guère. « C'était, dit-il, une malheureuse qui vivait en concubinage avec.... » Et il désigne l'amant.

L'auteur de l'article a haussé les épaules, et il s'est levé en même temps autant de paires d'épaules qu'il y a de gens qui ont su la chose. On a pensé généralement que les membres des bureaux de bienfaisance feraient bien de ne pas se charger de faire de pareilles oraisons funèbres aux malheureux.

L'amant est menacé de perdre la place qu'il occupe.

Le tout sous prétexte de charité.

Résumons-nous. — Les bureaux de bienfaisance sont une excellente institution, on doit une réelle reconnaissance au plus grand nombre de ceux qui en font partie; — mais il est important de surveiller plus sévèrement la composition de ces bureaux.

La mendicité est la plaie de la pauvreté — il faut abolir la mendicité, mais on ne peut le faire qu'en imposant à chaque commune la charge de ses pauvres. — Par ce moyen, on fera plus de bien et de vrai bien avec la même quantité d'argent.

Je pense que cela vaut au moins la peine d'être examiné.

V.

SUR LES CHIENS.

Il n'est pas très-prudent d'avoir raison trop tôt, ni d'avoir raison contre trop de monde. Cependant il arrive parfois qu'après un espace de temps plus ou moins long, on voit une des vérités que l'on a tenues enfermées comme prématurées, et qui s'est échappée malgré vous, devenir un lieu commun vulgaire. Il n'en est pas ainsi de ce que j'ai à dire à propos des chiens; il y a quelque quinze ans que j'ai, pour la première fois, soutenu ce que je vais soutenir aujourd'hui, et tout me porte à croire que je ne réussirai pas mieux que la première fois. Un des plus grands obstacles que j'aie trouvés dans ma vie a été lorsque j'ai eu à lutter contre des préjugés en faveur desquels il existe des phrases et des formules toutes faites, que les gens répètent comme ils les ont apprises, c'est-à-dire sans que ce soit le résultat de la réflexion, mais seulement parce que c'est facile à dire, pas fatigant à trouver et que ça a assez bon air.

La position inattaquable des chiens tient à deux considérations.

La première est que certains philosophes, à certaines époques, voulant humilier l'homme en général ou quelque homme puissant en particulier, ont prêté aux chiens toutes les qualités et toutes les vertus que s'attribue injustement notre espèce — à peu près comme Tacite, dans l'*Histoire des Germains*, par l'éloge un peu partial de ce peuple, a fait une autre satire indirecte et cependant violente des vices des Romains.

L'autre est que le chien a été déclaré « l'ami de l'homme, » et que cela répond à tout.

C'est une singulière révélation du caractère de l'homme que ce consentement unanime pour appeler le chien « son ami. » En effet, le chien obéit sans réflexion — il se soumet aux caprices comme aux volontés sans distinction, et sans jamais avoir lui-même une volonté. — On le bat : loin de se défendre, il rampe aux pieds de son maître et lèche la main qui l'a frappé. C'est donc cela que l'homme demande dans un ami? Hélas! oui — écoutez les plaintes que les amis font l'un de l'autre, et vous verrez que, sans oser précisément le dire, sans même quelquefois oser tout à fait le penser, c'est cette servilité dans le dévoûment, cet enthousiasme dans la domesticité que chacun a révés en demandant au ciel de trouver un véritable ami.

Cela n'est pas un paradoxe; puisque le chien est l'emblème de l'amitié, de l'avis de tout le monde, il est clair, il est évident, que c'est à proportion qu'un homme se rapprochera de ce type qu'il passera pour mériter la qualification d'ami véritable et sincère. Aussi l'amitié est-elle féconde en désappointements et en récriminations, chacun demandant aux autres de l'or pur et sans alliage contre un billon quelconque, — de sorte que le plus souvent, sauf deux cas, c'est-à-dire si l'un des deux amis est de la nature du chien, ou porte la domesticité à la noblesse et l'héroïsme, — ou, si deux hommes voient dans l'amitié une alliance offensive et défensive, qui fait que chacun réunit la force de deux hommes dans toutes les circonstances de la vie, sauf dans ces deux cas, entre deux amis, il n'en est qu'un qui soit l'ami de l'autre. Chacun veut avoir un ami, mais personne ne s'occupe d'en être un.

Personne plus que moi n'a le droit de dire la vérité aux chiens. J'ai appartenu pendant dix années à un très-beau chien de Terre-Neuve; entre nous, les relations ordinaires étaient renversées : j'étais soumis, humble, fidèle comme un chien; il était capricieux, bizarre, injuste, ingrat comme un homme. C'était moi qui étais son ami. Eh bien! après une liaison de dix ans, il a fini par deux fois de me dévorer, et m'a forcé à résumer ainsi notre amitié : 1° les chiens ne valent pas mieux que les hommes; 2° mon chien m'aimait comme on aime le bifteck.

Ce sentiment, qui n'est pas si noble qu'il en a l'air au premier abord, et qui fait que le plus misérable mendiant veut avoir aussi quelqu'un qu'il puisse rebuter, maltraiter injustement, que l'homme qui demande son pain veut avoir aussi son parasite, ce sentiment a fini par amener un danger non seulement véritable, mais encore horrible.

Le nombre des maux auxquels l'homme est exposé forme facilement une liste d'une honnête dimension et d'une suffisante variété. — Eh bien! dans cette liste il n'en est pas un qui puisse entrer en comparaison avec le danger de devenir enragé, et ce danger n'existe pour vous que par les chiens et leur prodigieuse multiplication.

Supposez, inventez, fabriquez un ami, ornez-le de toutes les vertus lucratives et commodes dont vous revêtez volontiers le rêve d'un ami; imaginez-le dévoué jusqu'au crime, riche et généreux jusqu'à la folie.

Formez dans votre imagination la plus charmante femme que vous ayez vue dans vos rêves de vingt ans; douez-la comme fut douée Pandore, ou comme le furent les princesses des contes de fées dont la beauté plus éblouissante que le soleil n'est qu'une des moindres qualités.

Puis ajoutez au tableau que vous vous ferez de toutes les félicités qu'engendrerait pour vous la possesssion d'un pareil ami et d'une semblable femme le petit détail que voici :

— Mon ami est riche comme Crésus, mais sa fortune est à moi ; il est fort comme Hercule, brave comme Achille, et c'est à mon bénéfice seulement qu'il se sert de sa force et de sa bravoure — il n'a envie de rien, si ce n'est pour moi ; me voir heureux lui sert de bonheur; tout le reste lui est indifférent.

Ma maîtresse est belle comme Vénus, elle voudrait l'être davantage pour augmenter mes plaisirs; elle voudrait ne pas exister aux yeux des autres hommes, elle consentirait à être laide à tous les regards — la plus sincère admiration ne ferait que la chagriner — elle craindrait qu'on ne lui prît d'elle-même, par un désir, par un rêve — elle voudrait se réserver à moi tout entière et au delà — elle a de l'esprit, et dédaigne de parler devant les autres — elle est fidèle, et elle n'en sait rien, elle sait seulement qu'elle m'aime — j'allais dire uniquement, cela ne serait pas juste — elle ignore qu'il y a d'autres hommes que l'on puisse aimer.

Mais...

Mon ami est sujet à une lubie; il serait possible qu'un jour, sans raison, sans prétexte, il me brûlât la cervelle : c'est une maladie de famille.

Ma maîtresse a un inconvénient : elle pourrait bien, sans que je lui eusse donné aucun sujet de plainte, verser un peu d'acide hydrocyanique dans le vin de Champagne que je boirais en soupant avec elle, elle tient cela de sa race.

Je suppose que vous vous sentiriez singulièrement refroidi à l'égard des félicités que vous promettaient affectueusement ces deux êtres dévoués, et que vous offririez volontiers un rabais sur quelqu'une des perfections qui vous enchantent en eux, en échange de la lubie du premier et des inconvénients de la seconde, et que, faute de pouvoir faire cette transaction, vous renonceriez aisément à l'amitié de l'ami et à l'amour de l'amante.

Qu'est-ce, cependant, que d'avoir la tête cassée par une balle ou le sang coagulé par le poison, en comparaison de l'épouvantable chance de devenir enragé?

Je ne vous ferai pas ici une description de la rage. Il suffit que votre chien soit rencontré dans la campagne, dans la rue, par un chien enragé, pour qu'il vous morde lui-même, malgré son affection pour vous, malgré lui, — et pour qu'à votre tour, furieux, insensé, écumant, changé en bête féroce, vous soyez prêt à mordre et à déchirer avec les dents votre femme, vos enfants, vos amis, et à leur communiquer à leur tour cette horrible maladie, — état si épouvantable que, pendant longtemps, on ne s'est fait aucun scrupule d'étouffer entre deux matelas les malheureux atteints de la rage.

Chaque jour, à chaque instant, vous courez ce danger, soit de la part de votre chien, soit de la part du premier chien auprès duquel vous passez.

En raisonnant rigoureusement, chaque matin il vous est impossible de dire : « *Certainement*, je ne serai pas *enragé* ce soir. »

Vous n'avez jamais une certitude mathématique que vous ne rencontrerez pas dans la rue où vous entrez un chien qui va vous communiquer la rage, cette maladie *contre laquelle il n'y a pas de remède*. Votre femme qui sort avec vos enfants court cette chance à chaque pas qu'elle fait dehors.

Certes, vous auriez peur si vous saviez qu'un lion ou qu'un tigre s'est échappé des cages du jardin des plantes, et se promène dans Paris — et cependant qu'est-ce que le danger que vous feraient courir ces animaux en comparaison de celui auquel vous expose la rencontre d'un chien enragé? Si vous devez être tué par eux, vous' échappez à cette démence furieuse, à ces convulsions terribles, à cette métamorphose en bête féroce écumant d'une bave contagieuse, qui précèdent la mort de l'homme mordu par un chien enragé.

Mais contre le tigre, contre le lion, avec du courage, du sang-froid, des armes éprouvées, vous pouvez vous défendre; vous êtes seulement blessé par leurs ongles, par leurs dents, et si vous êtes vainqueur, si vous êtes seulement secouru, il est à peu près sûr que la médecine vous guérira.

Mais, attaqué par un chien enragé, aux prises avec lui, — une armée de cent mille hommes ne peut rien pour vous; adresse, courage, tout est inutile ; vous êtes vainqueur, vous tuez l'animal; mais si ses dents vous ont effleuré l'épiderme, si sa bave a touché votre chair écorchée, vous êtes perdu : — la médecine, la science, les soins ne peuvent plus rien pour vous. — Autrefois, on vous étouffait entre deux matelas — aujourd'hui on ne vous étouffe plus : — on vous laisse mourir, on n'a rien trouvé de plus, ni de mieux.

Et c'est ce danger, le plus grand, le plus effrayant, le plus irrémédiable auquel l'homme soit exposé, que l'on brave tous les jours, non par courage, car il n'y a pas de courage qui ne faiblirait, mais par insouciance, parce qu'on n'y pense pas.

Cependant un grand nombre de personnes chaque année meurent *enragées*. Vous n'avez, je le répète, aucune *certitude* que ce ne sera pas votre tour aujourd'hui, dans une heure.

Personne ne nie le danger. Chaque année les journaux en racontent de nombreux exemples ; chaque année la police affiche des avertissements assez mous, des prohibitions assez indifférentes; elle prend des mesures insuffisantes par elles-mêmes, dont l'exécution est faite avec négligence; mais enfin cela constate qu'il ne s'agit pas d'un rêve, d'un conte en l'air. Tout le monde est d'accord que la rage se déclare spontanément chez le chien — qu'un chien enragé peut mordre vingt autres chiens dans une heure — que chacun de ces chiens peut devenir enragé et mordre tous les hommes qu'il rencontrera, que ces hommes deviendront enragés à leur tour, baveront, écumeront, mordront et périront objet de pitié et d'horreur pour leurs amis et leur famille. — Tout le monde est d'accord que la seule chance de salut est dans l'application d'un fer rouge sur la morsure — que rien n'est certain contre la rage — qu'autrefois on étouffait les hommes mordus, qu'aujourd'hui on ne les étouffe plus — et que c'est tout le chemin que la science a fait.

Eh bien ! par un singulier aveuglement, on a l'air de ne pas croire à l'hydrophobie, on ne prend contre elle aucune précaution sérieusement efficace — ou ceux qui lisent les affiches que la police fait apposer au commencement de chaque été ont plus peur de l'idée du fer rouge à appliquer sur la morsure d'un chien enragé qu'ils n'ont peur de la rage elle-même — cette image est si horrible qu: l'esprit ne la saisit, ne la conçoit pas. C'est un phénomène de l'esprit humain dont on voit des exemples dans certaines questions ardues — telles que l'éternité : — cela ne fait pas d'effet, c'est trop grand, ça n'entre pas dans l'esprit de l'homme.

Il est évident que chacun s'inquiète davantage et prend plus de soins, s'il redoute qu'il y ait des puces ou des punaises dans sa maison, qu'il ne prend de précautions contre les chances d'être mordu par un chien enragé.

Je parlais tout à l'heure de l'insuffisance des précautions de routine que prend la police, précautions toujours les mêmes, rédigées dans les mêmes termes, sous tous les ministères, sous tous les gouvernements, et toujours inefficaces.

Les voici :

« On jette dans les rues des boulettes empoisonnées. »

Qui vous assure de la fidélité de vos agents ? de la probité de vos fournisseurs ? du nombre de boulettes jetées, et de la force de leur préparation ? Combien sont balayées et emportées dans les tombereaux des boueurs aussitôt jetées !

De plus, un des premiers symptômes de la rage est que l'animal qui en est atteint ne mange plus : donc, en supposant ces boulettes suffisamment nombreuses, suffisamment empoisonnées, les chiens enragés sont exceptés des précautions que l'on prend contre la rage des chiens.

Accessoirement on ordonne de museler les chiens — mais on ne les muselle pas.

On annonce qu'on tuera les chiens errants — on en tue quelques-uns — je le crois, je le sais — mais pourquoi quelques-uns ?

Il y a à Paris certains endroits où les chiens paraissent se donner rendez-vous, comme font les hommes à la Bourse : — le Louvre, par exemple, et la place de la Concorde. Les causes de ces réunions, je les ignore, mais je ne suis pas le seul à les avoir remarquées. Eh bien ! après les exécutions de la police, passez le matin par un de ces endroits, et vous verrez combien peu diminue le nombre des chiens errants.

Si j'étais préfet de police — je voudrais renoncer à ces affiches banales, que tout le monde sait par cœur et auxquelles personne ne fait attention.

Je ne suis pas partisan de l'impôt sur les chiens, si l'on peut remédier au mal autrement — il est toujours triste de voir l'argent étendre ses privilèges — les pauvres n'oublient pas si souvent qu'ils sont pauvres qu'il soit bien urgent de le leur rappeler.

Mais ce que l'on essaye de moyen bien simple : — une affiche annonce que tout chien, en toute saison, qui sera rencontré sur la voie publique sans être muselé et sans porter un collier le nom et l'adresse de son maître, sera immédiatement abattu — on donnera à tous les possesseurs de chiens dix jours pour se mettre en règle.

Les dix jours écoulés — on tue non-seulement tous les chiens errants, mais encore, et sans exception et sans délais, *tout chien* rencontré sans collier et sans muselière. Cet exemple est suivi dans toutes les villes de France et dans toutes les communes rurales. — Aucune exception n'est admise, aucune indulgence, aucune mollesse n'est apportée dans l'exécution de cet ordre.

On ne me fera pas croire que cela ne se peut pas. — On ne me fera pas croire non plus que cela soit difficile. Il n'y a pas besoin de prouver que cela est efficace, et que cela seul peut l'être.

Cette exécution faite, l'ordonnance est faite et maintenue ; c'est-à-dire que tout chien sans collier et sans muselière serait à perpétuité abattu. De plus : le maître de tout chien qui deviendrait enragé serait condamné à la prison et à une forte amende, si, dès les premiers symptômes de la maladie, il n'avait demandé l'avis d'un vétérinaire juré.

En quinze jours, on serait arrivé à ce résultat qu'on ne rencontrerait pas plus de chiens sans muselière qu'on ne rencontre d'ours libres dans les rues.

Pour ce qui est des réclamations des chasseurs, le chien chassant serait libre, le collier seul serait obligatoire ; mais il devrait porter la muselière avant et après la chasse, c'est-à-dire sur les routes et dans les chemins. — Un chien enragé ne chasse pas.

Je suis parfaitement convaincu qu'il dépend de l'autorité de rendre la rage un accident excessivement rare et presque problématique.

Je ne vois aucune raison à donner pour ne le pas faire.

Il y a des gens qui vont dire : — Voilà un homme qui a bien peur. Pas si peur que vous, qui n'osez pas regarder le danger en face.

J'ai vu souvent des personnes ayant à faire le soir une route réputée dangereuse refuser de prendre des armes et plaisanter le voyageur qui se mettait en état de défense, en lui reprochant d'avoir peur.

Cependant, si le danger prévu et possible se réalise, le voyageur qui avait peur, qui s'est armé, se bat et se défend.

Ceux qui n'avaient pas peur sont assommés, dépouillés, essayent de se sauver, demandent grâce ou crient *à la garde* !

J'avoue que j'ai extrêmement peur des chiens enragés et de la rage.

VI.

Après quelques hésitations, le préfet de police a été obligé depuis quelques jours d'en venir au moyen que j'avais indiqué : faire abattre sans hésitation et sans exception non-seulement tout chien errant, mais aussi tout chien même tenu en laisse qui ne serait pas muselé.

Une circulaire toute récente du ministre de la police générale recommande aux préfets, avec beaucoup d'insistance, l'application de cette même mesure non-seulement dans les villes des départements, mais aussi dans toutes les communes rurales. Cette circulaire m'est apportée au moment précisément où je venais d'écrire quelques feuillets pour demander pourquoi on ne s'occupait de prévenir de la rage que les Parisiens. Je déchire mes feuillets, mais j'insiste sur ce point.

« La France est le pays du monde qui possède l'arsenal le plus complet de bonnes lois sur tous les sujets; seulement on ne les applique jamais. »

Je doute fort que les instructions du ministre de la police générale soient suivies avec une sévérité suffisante. Les maires, en général, se sont contentés de faire coller sur la porte de l'église une petite affiche écrite à la main, renfermant l'ordre de museler les chiens et la menace d'abattre ceux qui ne seront pas muselés. On a eu soin de mettre cette affiche un peu haut ; il est vrai que cela empêche de la lire, mais aussi les enfants ne peuvent l'arracher, et elle restera là toute la saison. Puis on ne s'occupe plus de rien.

Le garde champêtre de temps en temps dit au maître d'un chien non muselé :

— Ah çà ! maître Pierre, tu sais qu'il faut museler ton chien !

— J'achèterai une muselière la première fois que j'irai à la ville, dit maître Pierre.

— Et vous, maître Jean, vous savez bien qu'il y a ordre de museler les chiens ?

— Eh bien ! ma foi, tant pis pour l'ordre ! dit maître Jean.

Quelques jours après, le garde champêtre rencontre encore maître Pierre et maître Jean.

— Ah çà ! maître Pierre, dit-il, tu n'as donc pas encore acheté de muselière ?

— Ne m'en parle pas, dit maître Pierre, voilà deux fois que je vais à la ville, et que je l'oublie, je n'ai pas de mémoire.

— Et vous, maître Jean ?

— Oh ! moi, je ne veux pas museler mon chien.

— Mais vous savez qu'il y a sur l'affiche qu'on le tuera.

— On tuera le mien si l'on veut, dit maître Jean, mais celui-là qui tuera le mien fera prudemment de tâcher que je ne le voie pas.

— Est-ce vrai qu'on jette des *gobes* pour les empoisonner ? dit maître Pierre.

— Le maire m'avait dit qu'il m'en donnerait, mais il ne m'en donne pas, et puis on craint que les bestiaux ne les mangent — dites donc, sans rire, il faut museler vos chiens.

— Oui, oui, dit maître Pierre.

— Ma foi, non ! dit maître Jean.

— Tenez, ajoute celui-ci, voilà des gens qui passent avec un chien, vous ne leur dites rien.

— Ça, c'est le cousin de M...., le maître du château de... C'est pas ces chiens-là qui deviendront enragés, c'est nourri mieux qu'un chrétien, et je me suis laissé dire que ça boit du vin de Bordeaux.

— Et le chien d'André ?

— Il ne le démusèle que la nuit, je ne le vois pas, je n'ai rien à dire.

— Et le chien d'Onésime ?

— Le plus honnête chien du pays, ça ne ferait pas de mal à un enfant.

— Et celui-ci qui passe sur la route ?

— C'est à des étrangers, je ne connais pas ces figures-là. Dites donc, monsieur, muselez votre chien, s'il vous plaît.

L'étranger. — Pourquoi ça?

— Il y a un ordre.

— Je ne suis pas de votre commune; ça ne me regarde pas.

— Alors votre chien sera abattu.

— Qui ça, qui l'abattra?

— Ceux qui en ont reçu l'ordre.

— Eh bien ! je vais le museler tout à l'heure.

L'étranger passe et ne s'en occupe pas davantage. Maître Pierre et maître Jean, chacun avec des formes différentes, sont parfaitement d'accord sur le fond. — C'est bien égal au garde champêtre, qui pense avoir rempli son devoir en transmettant l'ordre qu'il a reçu, tandis que le maire est convaincu d'avoir assez fait en ordonnant d'appliquer l'affiche assez haut pour qu'on ne la déchire pas. Il faut cependant penser qu'un chien enragé peut en un quart d'heure en mordre dix, qui en mordront cent dans le quart d'heure suivant. La fréquence des horribles accidents causés cette année par la morsure des chiens enragés appuie pourtant d'une terrible éloquence mes plaidoiries à ce sujet et les instructions du ministère de la police. — On ne saurait trop avertir le ministère de la police que *ses instructions sont reçues avec beaucoup de froideur*; qu'elles seront *peut-être* suivies dans *quelques* villes, mais dans beaucoup avec mollesse, et qu'elles ne le seront presque point dans les campagnes. — Je ne dis pas cela pour le décourager, au contraire, mais pour l'engager à insister, à s'enquérir du résultat, et à ne pas abandonner cette mesure si indispensable et à en exiger rigoureusement l'application générale et sans exception.

Puis, cette mesure préalable exécutée, c'est-à-dire tous les chiens errants une fois détruits dans toute la France, pourquoi n'a-t-on pas encore proposé un prix d'un million pour la découverte d'un remède contre l'hydrophobie?

Il faut nommer une commission pour l'examen des remèdes proposés, quelque absurdes qu'ils paraissent — parce qu'il est presque aussi utile de détruire la confiance dans les faux remèdes qui empêchent de recourir aux moyens énergiques de la cautérisation, seul préservatif connu jusqu'ici. Il faut que cette commission fonctionne rapidement et qu'on donne une grande et prompte publicité à ses décisions.

— L'omelette *antirabique*, depuis qu'il en est question, a déjà causé une horrible mort à des gens qu'on aurait sauvés s'ils n'avaient eu confiance dans cette fable et avaient eu recours à la cautérisation. — Voilà cinq jours déjà, au moment où j'écris ces lignes, qu'on parle comme antidote de la cétoine, ce beau scarabée d'un vert doré qui vit dans les roses et surtout dans les roses blanches. — Eh bien ! on devrait déjà savoir si ce remède est sérieux ou si c'est encore une illusion. — S'il est sérieux, c'est un grand bienfait de le constater et de le faire connaître; s'il est nul, c'est un grand danger que de ne pas établir sa nullité.

J'insiste sur cette question que j'ai traitée déjà depuis bien des années — parce que tout à la première fois on paraît s'en occuper sérieusement, et je répète que la circulaire du ministre de la police générale est loin d'avoir produit l'effet qu'il avait le droit d'en attendre. Qu'il se fasse adresser par chaque préfecture un procès-verbal du nombre de chiens abattus dans chaque ville et dans chaque commune, et il sera convaincu de la vérité de mon assertion. Ce n'est pas le seul cas dans lequel les départements pourraient se plaindre de ne pas participer aux améliorations qui s'établissent de temps à autre dans la capitale. Depuis longtemps, à Paris, le prix du pain est fixé tous les quinze jours, d'après le prix de la farine. Cette mesure excellente n'existe qu'à Paris.

Le pain est à Paris, par une autre mesure dont j'ai le droit de revendiquer l'initiative, vendu rigoureusement pour le poids, c'est-à-dire qu'on n'achète plus un pain rapport à tort ou à raison avec tel ou tel poids, mais qu'on achète tant de livres de pain. — A Paris même on n'a pas complété le bénéfice de la mesure, en ceci qu'on a seulement ordonné aux boulangers de peser le pain à la réquisition de l'acheteur, qui, par cent raisons, indifférence ou complicité des domestiques, timidité ou besoin de crédit, ne fait que rarement cette réquisition. Il devrait être ordonné au boulanger de peser le pain, même malgré l'acheteur. Cela n'existe pas dans les départements, où l'on vend des pains de six ou de trois livres au lieu de vendre six, trois ou une livre de pain.

J'ai provoqué il y a longtemps une autre mesure relative à la vente des substances vénéneuses. Chaque jour de funestes erreurs viennent démontrer que les précautions prises à ce sujet ne sont pas suffisantes.

Voici quelles sont ces précautions. — On ne délivre de substances vénéneuses que sur l'ordonnance d'un médecin. A la première étiquette indiquant le nom de la substance on en ajoute une autre qui avertit que le remède doit être appliqué extérieurement. — *Usage externe* — telle est la formule. — Je pense qu'il y en a une autre pour les substances qui s'ingèrent, telles que l'opium et beaucoup d'autres.

Mais combien de fois n'arrive-t-il pas que les malades et ceux qui les gardent ne savent pas lire ! — que l'on fait confusion entre deux fioles à peu près pareilles ! que ces mots : « Usage externe, » ou tous autres, employés par les pharmaciens, ne sont pas compris par ceux qui doivent employer les substances !

Il est inutile d'insister sur la fréquence des empoisonnements qui arrivent ainsi; il n'est personne qui n'en ait entendu citer quelques-uns.

Voici ce que je propose :

1° Les substances vénéneuses ne seraient livrées que dans des fioles dans le verre desquelles serait écrit en creux ou en relief le mot *poison*; 2° ces fioles seraient d'une couleur particulière.

Déjà les pharmaciens gardent et vendent dans des fioles de verre bleu les substances susceptibles d'être décomposées ou altérées par l'action de la lumière.

Il est incontestable que cette précaution rendrait les erreurs et de déplorables accidents presque impossibles.

Je viens d'obtenir une grande récompense de l'obstination que je mets depuis que j'écris à demander certaines améliorations à tous les gouvernements, quels qu'ils soient. — Il y a cinq ou six ans déjà, et peut-être un peu plus, j'avais élevé des observations au sujet des *tonnes* ou *bouées* qui, dans la rade des ports de mer, indiquent aux navires les bas-fonds, les écueils, les récifs et les dangers de tout genre. J'avais demandé pourquoi à ces bouées on n'ajoutait pas des poignées qui permettraient aux naufragés d'y trouver un appui et un secours. — De la façon dont elles étaient construites, en effet, il était impossible de s'y cramponner, et on s'y serait inutilement accroché les ongles. Hier soir, en me promenant en canot, j'ai vérifié ce que m'avait annoncé un pilote; des chaînes pendent autour d'une des bouées qui sont placées dans la rade du Havre : un homme tombé à la mer y trouverait un appui et pourrait y attendre du secours.

Les Anglais ont plus de prévoyance encore et de sollicitude : ce pilote me citait un récif sur lequel on a établi trois gros pieux sur divers points de l'écueil; des traverses ajoutées à ces pieux forment de chacun une échelle ou plutôt un bâton de perroquet; au haut de cette échelle est une petite cabane dans laquelle le naufragé trouve de l'eau fraîche, des biscuits et un pavillon qu'il hisse au-dessus de la cabane et qui avertit de sa situation les navires qui passent dans le voisinage ou les vigies placées à terre; — on vient de temps en temps renouveler les provisions — quand cela ne sauverait qu'un homme en cent ans, ce serait déjà beaucoup.

Les journaux sont remplis de récits d'accidents funestes qui arrivent chaque jour à des gens que la chaleur de la saison engage à se baigner dans les rivières. — Quelques observations ressortent naturellement de ces récits : c'est que la natation est peu cultivée en France — de même qu'on en général tout ce qui tient à l'éducation physique de l'homme. — Comment n'y a-t-il pas des écoles de natation gratuites ? — Comment cette étude n'est-elle pas obligatoire pour toute l'armée, pour tous les collèges, pour toutes les écoles ?

Je ne réponds qu'en passant à une objection vulgaire qu'on entend fréquemment : « Ce sont les bons nageurs qui se noient. » Si les bons nageurs se noient quelquefois, c'est parce qu'ils ne sont pas assez bons nageurs. De plus, on intitule volontiers bons nageurs les gens noyés; parce que cela donne plus de piquant au récit. Une autre observation est celle-ci : *Le plus grand nombre des mariniers ne sait pas nager*. Parmi ces hommes qui chaque jour sont exposés par leur métier à périr dans l'eau, et qui auraient les plus fréquentes occasions de porter des secours à des noyés, on ne compte que *très-peu* d'habiles nageurs, et, je le répète, le plus grand nombre ne sait pas nager du tout.

Or, pour obtenir la permission d'avoir un bateau sur la Seine à Paris, on exige avec raison que celui qui en fait la demande subisse de la part des prud'hommes de la navigation un examen qui établisse qu'il sait diriger et manœuvrer convenablement une embarcation : qui empêcherait d'y joindre un examen sur la natation ?

D'autre part, l'ignorance des secours à porter aux noyés est portée à un degré inexprimable; à chaque instant vous voyez les secours consister à prendre un noyé par les pieds, la tête en bas — sous prétexte de lui faire rendre l'eau qu'il a avalée, eau qui ne va pas à la quantité d'un verre, et d'ailleurs n'est pas la cause de l'asphyxie. Pourquoi ne pas exiger de tous ceux qui leur métier appelle fréquemment sur l'eau ou sur les rivages la récitation d'un petit catéchisme de cinq lignes[1], qui les mettrait à même de sauver les asphyxies au lieu de les achever, de les tuer en leur infligeant des traitements qui tueraient en quelques minutes un homme bien portant ?

Un autre triomphe que j'ai eu cette semaine, le même jour que j'ai vu des chaînes de sauvetage aux bouées du Havre, ç'a été de voir un décret émané du ministère de l'instruction publique — lequel aura pour résultat — s'il est exécuté pour les causes ci-dessus relatées — de produire en France un certain nombre de maîtres d'école sembla-

[1] D. Est-il vrai que lorsqu'on trouve un noyé on doit lui laisser les jambes dans l'eau jusqu'à l'arrivée du maire ou du commissaire de police? Doit-on aussi attendre l'arrivée d'un fonctionnaire public pour couper la corde d'un pendu?

R. Il n'existe aucune loi aussi sotte et aussi inhumaine, etc., etc. — Il faut desserrer ou couper les vêtements du noyé, le coucher sur le dos, la tête un peu élevée et inclinée sur le côté; lui frotter la poitrine, le ventre et les jambes avec de la laine, et ne pas se décourager trop vite : on a rappelé quelquefois des hommes à la vie après une longue submersion.

bles à un certain *Généreux Hérambert* dont il est grandement question dans un livre appelé *Clovis Gosselin*. Il cultivait avec une intelligente tendresse un petit coin de terre que la commune lui avait attribué — il donnait des leçons dans son jardin et disait à son élève : « Tu vas quitter le livre de Dieu pour les livres des hommes ; n'oublie cependant pas le premier — et, tout en parlant de latin, il parlait du ciel et de la terre, et des arbres et des fleurs, cette fête de la vue, comme disaient les Grecs. »

Là complaisance avec laquelle je parle de ces deux succès va me nuire beaucoup dans l'esprit de certains lecteurs. Il est convenu qu'on ne doit pas parler de soi-même, surtout en bien. Cela se comprend dans une société polie et bienveillante, où, chacun relevant le bien qu'il sait des autres, justice se trouve rendue à tous. Mais dans une société systématiquement dénigrante, c'est une autre affaire. C'est une invention assez ingénieuse des gens qui ne font pas de bien, ils ne négligent rien pour cacher le bien que font les autres ; ils le nient ; ils lui supposent un but ou un point de départ intéressé ; mais, cela ne suffisant pas, ils ont imaginé la modestie. La modestie est une vertu que chacun exige des autres. En cela, elle ressemble à la plupart des vertus. Quand les jockeys vont disputer le prix de la course sur le turf, on les pèse préalablement, et on met du plomb dans les poches de ceux qui sont trouvés plus légers et plus dispos que les autres. C'est ainsi que chacun, dans les courses de la vie, voudrait bien charger ses adversaires d'un bagage embarrassant ; les vertus qu'on impose aux autres, la modestie, le désintéressement, le dévouement, etc., remplacent assez bien le plomb. Chacun, une fois en route, s'empresse de jeter son plomb et les vertus, mais on pèse de nouveau les jockeys à l'arrivée : je voudrais bien espérer qu'il en est de même après la course de la vie.

Toujours est-il que l'on a imaginé la modestie qui dit aux gens : Cachez soigneusement le bien que vous faites, ne dites jamais de bien de vous-même, etc. — On vous aidera tant qu'on pourra dans le soin de cacher ce que vous aurez fait de bien, et, ensuite, ne croyez pas qu'on vous accorde même la louange de la modestie en échange des vertus auxquelles vous renoncez pour le mériter ; point du tout, on vous prendra au mot, et on dira : Ce pauvre diable se rend justice. Les mêmes qui ne s'ennuient pas du tout d'entendre parler de vous quand on vous attaque et quand on vous calomnie, s'ennuient bien vite quand vous vous défendez.

Quand on émet une idée utile, beaucoup de gens la laissent passer sans rien dire ; puis, plus tard, quand ils espèrent qu'on ne l'a pas remarquée, ou qu'on l'a oubliée, ils l'émettent à grand bruit, la donnent comme leur, et si vous vous avisez de dire : *Me, me, adsum qui feci*, c'est moi qui suis l'auteur, on vous accuse de vanité, comme ferait un voleur qui vous accuserait d'avarice si vous réclamiez votre bourse qu'il essaye de vous arracher.

Pour moi, je ne suis point modeste — et je revendique ce qui m'appartient sans le moindre scrupule.

VII.

SUR PLUSIEURS SUJETS.

Ce n'est presque jamais qu'avec une convenable timidité et une préalable hésitation que je me décide parfois à essayer de démontrer ce qui me paraît quelque vérité utile. — Si un certain nombre de lecteurs veulent bien prendre quelque intérêt aux articles que je publie dans ce journal et m'ont même témoigné d'une façon dont je suis fort touché, d'autres pensent, — et en ce temps-ci plus qu'en tout autre temps que j'ai traversé, — que l'écrivain ne doit se mêler de rien qui ait un rapport même indirect à quoi que ce soit, surtout qu'il ne doit pas s'immiscer dans les choses réputées sérieuses. Votre muse ingénieuse, disent-ils, ne trouverait-elle pas sans emplettement et sans usurpation de quoi occuper dignement ses loisirs ? Et on me rappelle à ce sujet les intéressants objets des travaux et des méditations d'écrivains nos prédécesseurs dans la carrière que nous parcourons.

Pourquoi, ajoute-t-on, au lieu de prétendre réformer la société, laissez-vous tomber en désuétude et périr une foule de petits poëmes ingénieux auxquels les gens qui vous valaient bien consacraient de longues veilles, en retour desquelles ils acquéraient, sans choquer personne, une gloire immortelle, et cueillaient sans opposition ces belles feuilles toujours vertes qui gardent les noms de vieillir ? Que sont devenus les bouts-rimés, — les acrostiches, les vers isopsèphes qui devaient, en additionnant la valeur numérique des lettres qui les composaient, former tous le même chiffre ?

Et les anagrammes ?

Et ces poëmes qui, au moyen de vers d'inégales longueurs, présentaient aux yeux le dessin d'un œuf, d'une hache, de deux ailes, etc. ?

Qui vous empêche encore, si vous avez décidément une invincible prétention aux choses sérieuses, — de rechercher, — à l'exemple du savant Huet, évêque d'Avranches, » le présent que fait Éliézer à Rebecca — Genèse — XXIV — 47 — est un ornement destiné aux oreilles ou au nez, — question qui, malgré d'érudites et longues dissertations, n'a pu être entièrement résolue ? — Il y a encore dans les anciens certains passages obscurs à élucider : on n'est pas d'accord si Plaute, dans un endroit où il fait parler un pédagogue qui menace un écolier de lui *zebrer le cuir* : *Fieret corium tam maculosum quam nutricis pallium*, — a voulu en effet comparer ledit cuir au tablier gâté d'une nourrice, ou au manteau de diverses couleurs d'une courtisane, *meretricis*, ou encore à la peau mouchetée du serpent *natrix* — *natricis*, — question non encore résolue définitivement, — et mille autres.

Voilà comment un écrivain traverse la vie honorablement et sans encombre, au lieu de venir étourdiment se jeter au milieu des intérêts des peuples et de la civilisation, où il serait juste de le recevoir, selon une expression vulgaire, comme on accueille un chien dans un jeu de quilles.

Certes, je comprends toute la force de ces objections et toute la sagesse de ces conseils.

De plus, je ne sais que trop combien il est le plus souvent inutile d'augmenter verbeusement et sans cesse le nombre des conseils qu'on ne suit pas.

Entre les choses perdues que l'Arioste fait retrouver à Astolfe dans la lune, je ne me rappelle pas s'il est question des conseils ; mais, à coup sûr, si on ne les y admet pas, c'est par la crainte d'encombrer cette planète.

Je compte certainement ne pas y laisser aller les avis que je reçois, mais je demande encore un peu de temps pour les suivre. — Certes, il y a bien des choses dont je ne me mêle en aucune façon ; mais il en est quelques petites dont je me suis occupé toute ma vie, et que je voudrais bien voir arriver à une solution. — Il y en a une douzaine tout au plus, sur laquelle douzaine trois ou quatre déjà ont fait leur chemin, et deux ou trois autres sont en bonne route, grâce au concours que m'ont donné quelques esprits qui partagent ma façon d'envisager les choses. Ainsi, je n'ai mis que deux ans à amener qu'on vendit le pain au poids, c'est-à-dire que le boulanger ne fût plus autorisé à rogner les portions du pain gagné parfois si péniblement par le père de famille, — c'est-à-dire à démontrer qu'un pain de quatre livres devait peser quatre livres.

A cette première réforme, j'ai essayé d'en adjoindre une autre — à savoir : de faire admettre en principe que le marchand qui vole l'acheteur est précisément aussi coupable que l'acheteur qui vole le marchand ;

Que l'épicier qui empoisonne sa pratique est aussi criminel que la pratique qui empoisonnerait l'épicier ; en un mot, que le marchand qui vole et qui empoisonne est un voleur et un empoisonneur.

Ceci est plus difficile ; il y a quinze ou seize ans que je plaide cette cause, et elle n'est pas encore gagnée : cependant elle a fait quelques progrès, c'est une de celles que je voudrais voir résolues et sortir de l'état de paradoxe où elle est encore tenue.

J'ai mis dix ans à obtenir qu'on couvrit les wagons de 3e classe de certaines lignes ferrées, c'est-à-dire qu'on ne punit plus du froid, de la pluie, du rhume, de la fluxion de poitrine, et en certains cas de la mort, le crime de ne pouvoir pas payer les voitures de deuxième classe ; — et encore a-t-il fallu qu'une révolution vînt m'aider à ce sujet.

Il y a encore les petites questions des aliments à bon marché, et de l'abolition d'une protection qui ne protège que la faim et la misère — auxquelles je me suis attelé un des premiers, mais non pas cependant le premier — et je voudrais ne quitter le harnois que lorsqu'elles seront sorties de l'ornière.

Je n'ai pu en quinze ans d'attaques que mettre un peu de trouble dans cette éducation de collège, qui consiste à renfermer toute l'éducation de la jeunesse française dans l'étude des deux seules langues qui ne se parlent pas ; — cependant il peut sortir quelque chose de bon de ce trouble et de cette confusion, et je désire ne pas quitter le champ de bataille.

J'ai plaidé longtemps pour que tout écrivain signât ses écrits, et pour que tout marchand mît son nom à ses produits ; c'est-à-dire pour que chacun fût responsable de ses œuvres. Cela est arrivé pour les écrivains, et non pour les marchands ; mais si je n'ai rien obtenu à l'égard des marchands, j'ai eu à l'égard des écrivains bien plus que je ne demandais. Je ne serais pas fâché de voir l'équilibre se rétablir entre eux, et d'y aider de mon petit mieux.

Je m'efforce, depuis seize ou dix-huit ans, de persuader aux Français d'éviter ou au moins de diminuer les occasions de mourir enragés ; mais cette question est encore toute neuve, et je n'ai « tenu à ce sujet aucuns résultats : peut-être est-il bon de ne pas l'abandonner. J'attends toujours la réponse de M. Leroux et de M. Traversier, l'un inventeur, l'autre propagateur, d'un remède infaillible contre la rage.

Il y a une autre question pour laquelle j'avais en un appui, un collaborateur : c'est la question des hannetons. Mon collaborateur était M. Romieu. Mais, aujourd'hui, il m'a laissé seul, et est directeur des beaux-arts.

Il n'y a pas de sarcasmes que l'on ait épargnés à M. Romieu, lorsqu'il était préfet, pour avoir essayé de détruire les hannetons. Ce zèle à failli l'entraver dans sa carrière ; et il n'a rien moins fallu qu'un certain nombre de brochures, sur lesquelles je ne partage pas l'admiration de quelques-uns, pour faire oublier ce service sérieux et important qu'il avait voulu rendre à l'agriculture, et qui a failli être la cause de sa perte.

L'année dernière, les ravages causés par les mans turcs, ou vers blancs, larves des hannetons, ont diminué d'un quart la récolte entière de la Normandie.

L'année prochaine, les mans, devenus hannetons, dépouilleront les arbres de leurs feuilles, et pondront une infinité de mans qui dévoreront encore une notable partie de la récolte.

Il est vrai que la plupart des préfets, à l'exemple de M. Romieu, allouent une somme par hectolitre pour la destruction des hannetons, mais cette louable tentative est à peu près sans résultats pour trois causes; et ces trois causes, les voici :

1° Les maires, pour la plupart, ne donnent aucune publicité à cette utile mesure. — Il me semble qu'il serait aussi utile de la tambouriner dans les communes que la plupart des annonces auxquelles on fait cet honneur.

2° La somme allouée est insuffisante dans la plupart des localités.

3° Cette somme n'est payée qu'après de longs délais, — il serait important que les maires reçussent l'ordre de payer immédiatement la somme fixée pour chaque hectolitre de hannetons — les retards apportés à ce payement le rendent sans intérêt.

Si cette question a déjà fait plusieurs pas importants, en voici une autre pour laquelle mes plaidoiries incessantes depuis un grand nombre d'années n'ont absolument rien obtenu.

Contrairement à l'opinion d'un grand nombre d'écrivains politiques et moralistes, je suis très-partisan des récompenses honorifiques. Il y a des choses qui sont tellement au-dessus de l'argent, que lorsque l'argent les atteint, il les blesse ou les tue, comme ferait le plomb à un oiseau qui plane. C'est une noble monnaie qui paye tout ce que l'argent ne peut pas et ne doit pas payer.

Il n'existait en France que deux formes de récompenses de ce genre — les médailles que l'on distribue depuis quelque temps dans l'armée sont une troisième forme sur laquelle je n'ai pas d'opinion à émettre, parce que je ne sais pas suffisamment ce que ces médailles récompensent, dans quels cas elles sont données, et quels sont les statuts de cette innovation.

Les deux autres décorations sont la croix d'honneur et les médailles de sauvetage, qui sont données à des hommes qui ont sauvé la vie d'un de leurs semblables au péril de la leur.

La croix d'honneur, malgré l'abus, est encore la première décoration de l'Europe. Il n'est personne qui, chamarré de tous les ordres étrangers, ne croirait faire une bonne affaire en les donnant tous pour le ruban rouge français, s'il n'avait pas d'autre chance de l'obtenir.

Cependant je n'hésite pas à mettre les médailles de sauvetage fort au-dessus de la croix d'honneur.

La Légion d'honneur est une institution plus large et d'un ordre plus élevé que ne le pensent beaucoup de gens qui se scandalisent toujours de voir ses insignes à la boutonnière d'un habit bourgeois. La légion d'honneur, dans l'esprit de son fondateur, n'est nullement une institution spécialement militaire; elle a pour but de réunir, par un signe commun, toutes les supériorités scientifiques, littéraires, artistiques, industrielles et militaires du pays. Cependant il faut dire que, à cause de l'abus qui en a été fait, les croix qui obtiennent l'assentiment le plus général et n'excitent aucun murmure sont celles qui sont données en récompense d'actions d'éclat dans les batailles, c'est-à-dire pour avoir tué le plus de monde possible au risque de se faire tuer soi-même. Les médailles de sauvetage, au contraire, sont données aux hommes qui en ont sauvé d'autres au péril de leur vie.

Humainement et philosophiquement, il n'y a pas à discuter la prééminence d'une de ces deux décorations sur l'autre.

Les médailles de sauvetage ont en outre cet avantage qu'elles portent écrite la cause qui les fait obtenir — ce qui pourrait être embarrassant pour plusieurs croix d'honneur.

Il y a quelque temps je fus convoqué à une assemblée qui se tenait au Havre, auprès duquel j'habite. Il s'agissait d'examiner des moyens nouveaux proposés pour arracher quelques victimes aux colères de l'Océan. Certes, je n'ai naturellement qu'un enthousiasme calme et même modéré pour les réunions d'hommes ; mais je déclare que je me sentis ému d'un profond sentiment de respect en voyant dans une même salle plus de soixante habitants d'une seule ville ayant tous à leur boutonnière les uns une, les autres deux, trois, quatre et cinq médailles, sur chacune desquelles était gravé : — *à un tel*, — pour avoir tel jour sauvé un ou plusieurs hommes dans l'eau ou dans le feu, au péril de sa vie.

Eh bien ! il s'en faut de beaucoup que cette noble décoration procure à ceux qui l'ont reçue la considération qui semble devoir y être attachée. — J'en ai cherché les causes, et en voici quelques-unes :

1° Les hommes n'admirent et n'aiment que ceux qui leur font du mal; cela a l'air d'un paradoxe, mais regardez, rappelez-vous, lisez, et, si vous êtes de bonne foi, vous verrez que je n'ai pas le tort de modifier ainsi une locution proverbiale : Aime bien qui est bien châtié.

Je pense bien que l'on aime en général mieux un homme qui vous tire personnellement du feu ou de l'eau qu'un homme qui vous fend personnellement la tête; mais on respecte moins le premier que le second, — et surtout on admire plus celui qui a fendu la tête d'un autre que celui qui a tiré un autre de l'eau ou du feu.

2° La cause de l'obtention de la médaille rigoureusement déduite sur ladite médaille rend impossible toute espérance de l'obtenir par la protection d'autrui ou par sa propre complaisance.

3° Ces médailles sont presque toujours accrochées à des vestes et à des blouses, et portées par des hommes du peuple, auxquels les messieurs paraissent avoir abandonné le monopole de certaines vertus périlleuses, comme ils leur laissent les métiers fatigants et dangereux.

Ces médailles sont beaucoup plus grandes qu'une pièce de cinq francs, ce qui les rend difficiles à porter; peu de ceux qui les ont obtenues pensent à en faire faire une réduction d'un format plus commode, — et elles ne peuvent être, comme la croix d'honneur, rappelées par un simple ruban.

Et nous voici au point pour lequel, ainsi que je le disais tout à l'heure, j'ai plaidé si longtemps sans résultat.

J'ai eu, comme tout le monde, depuis seize ou dix-sept ans, plusieurs amis qui sont devenus ministres et même davantage.

Parmi eux quelques-uns sont arrivés à ces fonctions brusquement et sans transition, mais d'autres marchaient depuis longtemps sur le chemin qui y conduit; et à plusieurs, quand je les voyais approcher du but, je disais : Quand vous serez aux affaires, il y a quelque chose que je vous demanderai; c'est d'assigner un ruban spécial aux médailles de sauvetage.

On me demandait quelques explications.

Je les donnais, et j'ajoutais : Il est absurde qu'une décoration ait un ruban que tout le monde a le droit de porter — tel que le ruban tricolore auquel on attache les médailles de sauvetage.

— Parfaitement absurde, me répondait-on.

— Il convient donc de changer ce ruban.

— Rien n'est plus juste.

— Donnez-lui la couleur que vous voudrez; mais que ce soit une couleur qui lui appartienne, et qu'on ne puisse, comme celui de la croix d'honneur, le porter que si l'on a reçu la distinction qu'il représente. — Y voyez-vous quelque objection ?

— Une seule; il ne faut pas qu'il puisse être confondu avec celui de la croix d'honneur.

— La médaille ne tient pas à cette confusion — d'ailleurs, je viens de répondre par avance à cette objection — assignez la couleur que vous voudrez — par exemple — un ruban rayé rouge et vert, pour représenter le feu et l'eau, ou tout autre.

— Alors il n'y a plus rien à répondre.

— Je vous en reparlerai quand il en sera temps.

J'attendais ; puis, quand mon ami était ministre, je lui demandais une audience, et je remettais la question sur le tapis.

— Non certes, me disait-on, je n'ai pas oublié que nous en avons déjà parlé... J'y penserai.

Quelque temps après :

— Eh bien ! avez-vous pensé ?...

— Oui, mais cela a des inconvénients...

— Lesquels ?

— Oh ! il y en a beaucoup.

— Dites-m'en un ?

— Nous en reparlerons.

Et on prenait soin que je n'en reparlasse jamais — par suite de quoi j'ai pris le parti de les chercher moi-même, et je n'ai trouvé que ceux que j'ai signalés plus haut.

Ce que je viens de raconter m'est arrivé trois fois — dont deux fois avec le même, qui, dans l'intervalle de ses deux ministères, était redevenu parfaitement de mon opinion à ce sujet.

Je ne compte pas abandonner non plus cette cause; et ce que j'ai demandé en vain aux pouvoirs qui se sont succédé depuis seize ans, je le demanderai aux pouvoirs qui se succéderont tant que je tiendrai une plume.

Voilà donc, outre quelques-unes qui m'échappent en ce moment et quelques autres qui peuvent survenir, les questions dont je m'occuperai avant de me rendre aux avis dont je vous parlais en commençant, et de me consacrer exclusivement au culte de l'acrostiche et des bouts-rimés. — Je compte sur l'aide et les encouragements de ceux qui me veulent bien donner des avis contraires.

VIII.

J'ai reçu un assez grand nombre de lettres relativement aux chapitres que j'ai publiés à propos des femmes. Je répondrai à quelques-unes de ces lettres dans un prochain article, car je n'ai pas fini; il y a long à dire sur les femmes et sur l'amour, et il n'y a guère de danger de tomber dans l'absurdité : car ces deux sujets sont si multiples et ont tant de faces diverses, que, contradictoirement aux principes de la logique, il arrive bien souvent que le contraire de ce qui est vrai est encore vrai.

Ce que je veux seulement dire aujourd'hui, avant de traiter un autre sujet, c'est que je suis loin de mériter le reproche de partialité que me font les auteurs de quelques-unes des lettres que j'ai reçues. — Je ne prétends pas plaider contre les femmes en faveur des hommes pour la prééminence; non certes, je ne crois pas les hommes meilleurs que les femmes, et si je ne parle que des femmes, si à elles seules j'adresse quelques reproches, c'est par la même raison qui fait que j'émonde, que je taille mes rosiers, que je sarcle mes fleurs précieuses et que j'arrache l'herbe qui les étoufferait, tandis que je laisse sur le bord des routes les orties et les chardons végéter à leur guise.

» Je regrette presque que les femmes ne puissent pas savoir le latin pendant dix minutes, à la condition expresse de l'oublier tout de suite après. Je leur ferai voir comment parlent d'elles Juvénal et beaucoup

— Le progrès, dit un autre, ce serait que le café de Paris fût chargé par l'État de me nourrir.

d'autres; mais je m'abstiens de citations pédantes, attendu que j'ai remarqué avec plaisir que les femmes d'aujourd'hui ne ressemblent pas aux femmes savantes de Molière, et qu'elles n'embrassent guère les hommes pour l'amour du grec.

Boileau lui-même, tout influencé qu'il avait été par le dindon, ainsi que je l'ai révélé dans un précédent chapitre — excepte trois femmes de ses reproches. Je suis disposé à admettre autant d'exceptions que l'on voudra; mais ce que je dis, je l'ai vu, je le vois encore, et j'en maintiens l'exactitude en général. Je prie celles de mes lectrices qui m'ont fait le reproche de partialité de vouloir bien ne pas encourir le même reproche de ma part, et, pour se mettre à un point de vue favorable pour bien voir, d'user du procédé que voici :

Que chacune se considère comme une exception, et qu'elle suppose que, spectatrice comme moi, elle examine avec moi les *autres* femmes. Maintenant occupons-nous d'autre chose.

On parle souvent de progrès; un des malheurs de ce temps-ci et peut-être du pays où nous sommes, c'est que chacun confond le *progrès* avec la réalisation de ses propres rêves, la satisfaction de ses besoins ou de ses ambitions, et surtout s'efforce de faire passer cette confusion dans l'esprit des autres. Le progrès, dit l'un, c'est qu'un homme de talent et de mérite... comme moi, ait un carrosse et des chevaux alezan brûlé. — Le progrès, dit un autre, c'est que je sois à mon tour à la tête des affaires. — Le progrès, s'écrie un troisième, ce serait que le café de Paris fût chargé par l'État de me nourrir, et que Bernard me coupât les habits les plus élégants sans jamais me présenter de mémoire. — Si ce ne sont les paroles qu'on emploie, c'en est du moins le sens.

Beaucoup d'esprits, cependant, commencent à voir clair dans tout cela et à débrouiller ces fagots de contradictions. Le progrès qu'il faut poursuivre, selon ces hommes que j'appellerai clairvoyants, parce que je suis de leur avis, doit consister à faire un certain nombre de pas en arrière, à se débarrasser de l'énorme quantité de sottises et d'absurdités que le genre humain a amassées et colligées depuis cinq mille ans, et à remettre un tant soit peu l'homme dans la situation où Dieu l'avait placé en le créant.

Il est évident que l'homme naît laboureur, chasseur ou pêcheur, c'est-à-dire que c'est à la nature qu'il doit demander directement la satisfaction de ses besoins. Il est incontestable que ces métiers sont les plus nobles de tous les métiers; les plus nobles : parce qu'ils ne relèvent que de la Providence, parce que le bien et le mal leur viennent directement du ciel.

Ceux-là seuls doivent être autre chose qui ont une aptitude naturelle et très-nettement marquée pour une autre profession, que laboureur ou chasseur.

Eh bien! de progrès en progrès, on est arrivé à ceci, que toute la jeunesse se jette avec violence dans deux ou trois professions dites libérales, sans qu'on tienne aucun compte ni de la vocation, ni de l'aptitude des gens, ni de l'encombrement de ces professions. Donnez à tous les pères de famille les moyens de *pousser* leurs enfants, et vous les verrez les destiner tous à la médecine et au barreau. Il serait bon de revenir au point de départ.

Les hommes sont nés libres — la société a dû demander à chacun une part de sa liberté dans l'intérêt de la sécurité commune. — Il s'agit aujourd'hui de rendre à l'individu tout ce que la sécurité de la société permet de lui rendre de sa primitive liberté, de partager le reliquat du fonds social : — c'est encore se rapprocher du point de départ.

L'égalité n'existe pas et ne peut pas exister : — du moment qu'il y a une femme plus belle qu'une autre femme, ou un homme plus fort qu'un autre homme, il n'y a plus d'égalité possible. La philosophie s'efforce d'achever d'effacer l'inégalité de caste; mais ce sera nécessairement au profit de l'inégalité des individus. On tâche de s'acheminer vers cette vérité, que l'égalité ne consiste pas à être tous la même chose, mais à parvenir à un même degré d'excellence chacun dans sa fonction; — qu'un bon laboureur est l'égal d'un grand poëte ou d'un homme d'État distingué, mais qu'un homme d'État médiocre et un mauvais poëte ne sont pas les égaux d'un bon laboureur, — c'est-à-dire qu'il faut n'attendre que de soi-même son rang dans la société. C'était ainsi au commencement du monde.

L'égalité n'existe pas et ne peut pas exister.

On abat des rues entières à Paris pour faire des maisons plus saines, plus aérées — pendant des siècles les hommes se sont agglomérés, entassés les uns sur les autres — cela n'a été bon ni pour la santé, ni pour la vertu, ni pour la tranquillité. L'haleine de l'homme est mortelle à l'homme — les hommes doivent vivre, même en société, à une certaine distance les uns des autres. Il faut à l'homme de l'air et du soleil. Un homme qui se porte bien aspire environ sept cent quatre-vingt-six litres d'air par heure. On supporte bien plus longtemps la privation de nourriture que la privation de l'air. — Eh bien! ce cages superposées que l'on appelle maisons — qui sembleraient bien singulières si l'habitude de les voir n'en détruisait pas l'impression, ces cages dans lesquelles il faut payer son emprisonnement ne con tienment pas à beaucoup près la quantité d'air suffisante pour les malheureuses familles qui y sont entassées.

Cet air vicié, empoisonné, a tellement fait sentir ses effets en dépeuplant certains quartiers, qu'on commence à s'occuper de les assainir — c'est-à-dire que l'on retourne en arrière, et que l'on va écarter un peu plus les uns des autres les habitants des grandes villes. Avant ces prodigieuses agglomérations d'hommes, il y avait sans doute quelquefois des gens qui ne mangeaient pas assez — comme aujourd'hui — mais tout le monde avait au moins de l'air à discrétion — chacun pouvait chaque jour dépenser ses dix-huit mille huit cent soixante-quatre litres d'air, sans que rien l'en empêchât. C'est à cette situation que l'on doit revenir.

Le commerce a commencé ainsi : ma terre est forte et fertile — le blé y a végété admirablement — mais les légumes y sont de qualité médiocre — la tienne est légère et sablonneuse, le blé y serait faible et grêlé, mais les pommes de terre et les navets y sont excellents. Si j'ensemence toute ma terre de blé, il y en aura trop pour ma famille et pour moi; si tu ensemences la tienne de légumes, tu ne pourras manger tous tes légumes et tu n'auras pas de blé.

Eh bien ! faisons produire chacun à notre terre ce qu'elle produit le mieux — tu me donneras de bonnes pommes de terre, et je te donnerai en échange de bon blé — de cette façon chacun de nous aura des grains et des légumes, et aura le tout excellent. Plus tard on a facilité ces échanges par l'invention de la monnaie, signe représentatif de toutes les denrées.

Ces relations, ces échanges, ce commerce enfin, qui s'étaient naturellement établis de voisins à voisins, d'individus à individus, s'établirent bientôt de province à province, puis de peuple à peuple. Alors ce qu'un pays produisait abondamment et à bon marché était envoyé à des pays dont le sol et le soleil ne l'auraient pas produit ou l'auraient donné à un prix beaucoup plus élevé. Ce pays donnait en échange celles de ses productions qui se trouvaient dans le même cas, et tous deux s'enrichissaient ainsi.

Mais il vint un jour à de grands génies une idée lumineuse. — Si nous continuions à vendre aux étrangers, se dirent ces grands génies, et si nous ne leur achetions plus, nous recevrions leur argent et nous garderions le nôtre. Pour cela, il faut faire tout chez nous et nous-mêmes.

Ces grands génies se trompaient en plusieurs points. D'abord l'argent n'est pas la richesse, il n'en est que le signe représentatif; il se multiplie en circulant, à peu près comme dans les représentations des drames du Cirque olympique on fait passer sous les yeux du public une armée de trois cent mille hommes au moyen de cinquante figurants, qui rentrent par une coulisse à mesure qu'ils sortent par l'autre.

Un autre point plus grave — c'est que la France, par exemple, si fertile et si riche en tout sur son sol — de tous les pays de l'Europe, sans contredit, celui qui pourrait le plus facilement se passer de commerce, ne produit pas cependant tout également bon, et surtout ne produit certaines choses qu'à un prix élevé. Or, les étrangers apportant sur nos marchés les mêmes objets à un prix inférieur, il aurait fallu que les Français vendissent au même prix, c'est-à-dire au-dessous du prix de revient, c'est-à-dire qu'ils auraient bien vite renoncé à cette ingrate production — ce qui aurait été parfaitement raisonnable, car alors ils auraient augmenté d'autant la production des choses qu'ils peuvent donner meilleures et à plus bas prix que les étrangers, et on revenait ainsi au point de départ.

Les grands génies corroborèrent leur première invention par une seconde invention; ils imaginèrent de frapper d'un droit les produits de l'étranger, droit qui l'oblige à vendre sur nos marchés plus cher que nous. Alors les étrangers ont suivi cet exemple, et ont également imposé un droit à nos productions.

Cependant, il y avait à côté de l'invention des grands génies une idée juste et raisonnable — ils l'ont évitée avec l'adresse que mettait un habile conducteur de char dans les jeux Olympiques à éviter la borne.

Cette idée était celle-ci. Voyons une bonne fois les productions, les industries qui peuvent devenir propres à la France — n'achetons aux étrangers que ce qu'ils font et produisent ou meilleur ou moins cher que chez nous. Mais cette expérience demande des essais, des tentatives, un apprentissage; il ne faut pas décourager et rendre inutiles des efforts qui nécessairement n'arriveront pas tout de suite au but. — Frappons d'un droit tels et tels produits de l'étranger que les apparences nous désignent comme pouvant se naturaliser chez nous — mais fixons à ce droit une limite de dix ans, de vingt ans si on veut. — On le diminuera au bout de dix ans, on l'abolira au bout de vingt ans, car dans cet espace de temps on sera fixé : — ou la France produira aussi bon et au même prix, ou on saura qu'elle ne le peut pas. — Dans le premier cas, elle n'aura rien à craindre de la concurrence; dans le second, elle ne s'amusera pas à continuer à payer plus cher à elle-même et à consommer plus mauvais ce que l'étranger lui offre à meilleur marché et de meilleure qualité.

Cette épreuve faite — il est probable que la France aura conquis une ou deux industries.

Mais les grands génies susdits ont imaginé d'imposer ces droits à toujours — c'est-à-dire, pour ne parler que d'une seule chose — que les bestiaux étrangers, par exemple, viendraient sur nos marchés à un prix bien plus bas que ne s'y présentent les nôtres — c'est-à-dire, que la viande, le plus utile des aliments, serait à la portée des plus pauvres. Certes, il est fâcheux de voir nos belles prairies et nos riches campagnes ne pas arriver à des produits égaux à ceux de l'étranger. — Il était très juste de se dire : Le pays va s'imposer un grand sacrifice — une génération peut-être ne mangera pas de viande, en mangera peu, en mangera à haut prix — selon la fortune de chacun, mais une

LE DÉSHÉRITÉ. — Il ne lui fut plus possible de voir, sur la parole de son oncle, les beautés absentes de ses tableaux..

industrie sera conquise par notre pays, et l'histoire gardera le souvenir de la génération qui aura accompli cet acte de dévouement.

Nous allons imposer les bestiaux étrangers pendant cinquante ans, de manière qu'ils ne puissent être vendus en France à un prix plus bas que les nôtres. Pendant ce temps-là on va multiplier les encouragements à l'agriculture, les tentatives, les essais, les efforts en ce genre. Dans dix ans on fera une statistique, et on abaissera le droit sur les bestiaux étrangers en proportion des progrès que nous aurons faits — et ainsi de suite de dix ans en dix ans. A la fin de la cinquantième année, les droits protecteurs seront abolis, ou nous serons arrivés de progrès en progrès à pouvoir produire dans les mêmes conditions que l'étranger, ou nous saurons que nous ne le pouvons pas. Dans les deux cas, le temps de l'épreuve et du sacrifice sera écoulé — et on mangera en France de bonne viande et à bon marché.

Mais, je l'ai dit, — cette idée raisonnable a été évitée avec le plus grand succès.

On a frappé à tout jamais les bestiaux étrangers d'un droit dit protecteur. — Grâce à ce droit, qui permet de vendre toujours la viande trop cher, nos éleveurs ne s'occupent nullement du progrès, ils n'en ont pas besoin, on, c'est, ils s'en occupent, ils en bénéficient seuls. Et nous payerons toujours la viande trop cher, et toujours le plus grand nombre des Français n'en mangeront pas; — ce qui paraît pas compensé par la gloire, pour le nombre relativement petit qui mange de la viande, de manger de la viande française, elle tricolore.

serait donc, raisonnable, il est donc indispensable de revenir formes originelles du commerce, — c'est-à-dire à l'échange et à olition d'un système protecteur qui ne protége que la routine, la ère et la faim.

utrefois, le café se faisait avec les grains du caféier; — aujour-i, de progrès en progrès, on le fait avec la chicorée sauvage; on a imaginé de fausse chicorée; la chicorée était devenue très-re, on lui substitua avec avantage—pour le marchand—dela poud'orge grillée et du charbon d'os.

e pain se faisait jadis avec de la farine de froment — quelques-ont adopté un perfectionnement qui consiste à y mêler de la ne de cailloux blancs qui se trouvent dans le département de l'Al-— ou de l'albâtre — sulfate de chaux. — Au moyen de sulfate cuivre on peut se servir de farines avariées. — Autrefois on faisait vin avec le jus du raisin — c'était l'enfance de l'art, c'était barbe, c'était gaulois — les baies du sureau et de l'hièble se mêlent utilement aux baies de la vigne — avec de la litharge on peut ore vendre des vins aigris qu'il aurait fallu jeter — c'est un poi-mais c'est d'un bon produit.

utrefois — les biftecks se faisaient de bœuf, les civets de lièvre, gibelottes de lapin — certains petits cabaretiers ont inventé le eck de cheval, le civet de chat et la gibelotte de poulain, tirés cts du ventre de leur mère abattue.

a cassonade pendant quelque temps était le produit de la canne cre ou de la betterave; on y mêle aujourd'hui du sable, du plâtre, la craie, etc.

e miel autrefois était pris dans les ruches — on le perfectionne urd'hui en y mêlant de la farine de haricots.

e ne donne aujourd'hui qu'un petit nombre d'exemples de ce genre, les ai pris dans les mémoires de l'ancien préfet de police M. Gis-t, et dans les écrits de MM. Orfila, Duvergier, Parisot, Robinet, nier, Harel, etc.; où il y en a bien d'autres.

h, bien ! de bonne foi, je pense qu'il faut en revenir à faire le avec du café, le pain avec de la farine, le vin avec du raisin, biftecks avec du bœuf, les civets avec du lièvre, les gibelottes du lapin, le sucre avec la canne et la betterave, et à laisser faire miel aux abeilles d'après leur ancienne méthode qu'elles n'ont pas gée, et qui est la bonne.

ne sera pas, je crois, non plus hors de propos de remettre la livre ize onces.

abrége à dessein, me contentant d'indiquer certains points, dans rainte d'ennuyer les lecteurs, ce que je soin ne m'a peut-être fait éviter, — mais je veux au moins qu'ils sachent, si je les ai uyés un peu, que je pouvais les ennuyer davantage, et que je ne pas voulu.

ais de tout ceci, quelque sommaires que soient mes arguments, e semble résulter :

ue l'homme n'a pas toujours réussi dans ses perfectionnements, u'un certain nombre de ses progrès sont d'assez mauvaises choses ; u'en cinq mille ans, au moins, l'homme qui a mis tout ce temps faire tel qu'il est aujourd'hui n'a peut-être qu'à gagner à se rap-her de l'homme tel que Dieu l'avait fait;

ue s'il est juste de s'occuper de certains progrès, il est urgent de barrasser d'un bagage assez volumineux de sottises, d'absurdités idées fausses et funestes amassées à grands frais, à grand'peine, nde misère depuis l'origine du monde.

rmettez-moi d'employer ce qui me reste de papier blanc aujour-à remarquer que la France est bien riche ; elle ne s'en aperçoit par ses pertes, de même qu'on n'apprécie la santé que quand on est de. Dans l'espace d'un an, la France a été assez riche pour perdre ac et Pradier.

y a quelques années, je disais de Balzac dans les *Guêpes* : Académie de notre temps veut avoir aussi son Molière à ne pas mer. » Et il y a quelques mois de Pradier, dans un journal : and. Pradier sera assez mort; on reconnaîtra que nous aussi nous ns notre Praxitèle. »

ue l'on peut pardonner l'orgueil de n'avoir pas attendu leur mort me donner le bonheur de les apprécier, c'est-à-dire de les ad-er et de les aimer.

LE DÉSHÉRITÉ.

y a une dizaine d'années, on ne faisait que commencer à élever ques constructions sur les terrains qui avoisinent à Paris l'empla-ent de la Madeleine. Dans une de ces maisons isolées, qui présen-en saillie, sur chaque flanc, des pierres d'attente, demeurait le te d'A...

était vieux et affaibli, et vivait dans un grand isolement, dont il laignait quelquefois assez amèrement, sans cependant en paraître réellement affligé. Le comte d'A... avait quelque chose qui remplissait sa vie, et suffisait à ce qu'il avait à dépenser de sentiments affectueux; il avait une passion, une manie, quelque chose enfin dont l'influence était on ne plus bienfaisante, puisque cela remplaçait les jouissances d'une grande fortune dont il avait perdu une partie, une faveur à laquelle il avait survécu, une jeunesse dès longtemps fanée, une santé détruite.

Cette manie, cette passion, comme vous voudrez l'appeler, était celle des tableaux. Il avait bien bien deux neveux, deux fils d'un frère mort sur le champ de bataille, sans laisser de fortune, et qu'il avait élevés lui-même; mais, semblables aux petits oiseaux, les deux jeunes gens s'étaient envolés aussitôt que les plumes leur étaient venues.

L'un était une nature exacte avec une intelligence commune; il avait de l'instruction sans esprit et surtout sans imagination; il ne sentait aucun enthousiasme pour les *richesses* de son oncle, mais il avait la complaisance de les admirer aussi souvent et aussi longtemps que leur heureux propriétaire pouvait le désirer; il avait fait plus : à force d'entendre les formules admiratives de son oncle, il en avait retenu quelques-unes, au moyen desquelles il pouvait quelquefois émettre son opinion sur ses tableaux ; opinion que M. d'A... trouvait d'autant plus sensée, que c'étaient ses propres idées et souvent ses paroles reproduites avec la fidélité d'un miroir. Ce neveu s'était jeté dans la banque.

L'autre était né capricieux, indépendant, spirituel, railleur ; un goût dominant l'emportait vers la peinture. Longtemps son oncle avait toléré avec une indulgence peut-être excessive les défauts de ce caractère; mais la pensée d'avoir un grand peintre dans sa famille, de le diriger, de faire profiter son talent de toutes les observations et de toute l'expérience d'une longue vie, était plus que suffisante pour lui faire trouver charmantes les plus étranges folies de son neveu Eugène.

Celui-ci, soutenu par un instinct secret, qui lui disait : « Tu seras peintre, » avait longtemps écouté avec patience les longues dissertations de son oncle; il avait admiré et copié toutes les beautés que M. d'A... lui faisait remarquer dans ses tableaux. Cependant il avait obtenu de passer quelque temps hors de la maison, dans l'atelier d'un peintre célèbre; de là, il était allé en Italie, avec un peu d'argent que lui avait donné son oncle, et un peu aussi qu'il avait gagné à faire des portraits.

A son retour, il retrouva son oncle comme il l'avait laissé, passant sa vie dans sa galerie de tableaux, découvrant chaque jour quelques beautés qu'il n'avait pas vues la veille. Son frère Paul n'avait pas non plus changé d'avis sur les merveilles dont M. d'A... était si fier; mais Eugène avait vu et étudié les grands maîtres; il avait compris la peinture.

Il y a un jour dans la vie du poète et de l'artiste, un jour solennel où une seconde vue naît en lui ; la nature se révèle dans toute sa splendeur, avec tous ses magnifiques secrets; la veille il n'était rien qu'un versificateur ou un misérable reproducteur de poncis; ce jour-là, il est poète, il est peintre.

Il ne lui fut plus possible de voir, sur la parole de son oncle, les beautés absentes de ses tableaux, et quand, en opposition aux études qu'il rapportait d'Italie, M. d'A... voulut lui donner pour exemple un magnifique Rubens, Eugène dit tranquillement :

— On m'aurait lapidé à Rome si je n'avais pas fait mieux que cela.

— Oui-da? reprit son oncle, on a dit en tout temps que la jeunesse était présomptueuse, mais je ne crois pas qu'il y ait jamais en présomption égale à la vôtre, monsieur mon petit neveu. J'ai quelquefois vu de jeunes peintres se mettre un peu facilement au-dessus de leurs camarades et de leurs émules, mais je vous avouerai que je n'ai pas encore rencontré un petit rapin comme vous parler aussi légèrement des maîtres et de leurs chefs-d'œuvre.

En ce moment, une parole erra sur les lèvres du jeune homme. Quelque bon ange l'arrêta ; car cette parole eût été trop amère pour le comte d'A...

— Mais, allait dire Eugène, je ne confonds pas comme vous, avec les chefs-d'œuvre des maîtres, les misérables croûtes pour lesquelles vous vous ruinez.

Un bon ange, dis-je, détourna cette parole, qui eût douloureusement frappé le vieillard.

— Allons, mon oncle, dit Eugène, pardonnez-moi, et je vous ferai un cadeau; j'ai apporté pour vous une tête du Titien.

L'oncle sauta au neveu sur la poitrine.

— Mon ami, dit-il, juge, par le plaisir que me cause ton présent, du respect avec lequel tu devrais parler des grands maîtres. — Et, dit-il en admirant la toile que lui offrait Eugène, compare ce que tu fais à ceci, et humilie-toi !

Après trois jours d'éloges, il n'y put plus tenir, et dit en riant à son oncle :

— Cher oncle, la tête est de moi.

L'oncle d'abord rougit de surprise et de colère ; mais après quelques instants de réflexion, il dit :

— Quelle folie ! — Je parle sérieusement, mon oncle. — Allons, mon neveu, tant pis; vous êtes le plus grand impudent que j'aie jamais vu. Vous avez voulu me tromper, ou me faire prendre votre ouvrage pour un tableau du Titien, ou me faire croire que vous étiez l'auteur d'un ouvrage de ce maître. Mon beau neveu, nous n'en sommes point encore à ce point de crédulité, que nous ne reconnaissions pas l'œuvre d'un semblable peintre. Travaillez, mon ami, cela vaudra mieux que de vous parer ainsi des plumes du paon. — Mais, mon oncle, c'est une copie que j'ai faite à Rome. — Taisez-vous, la plaisanterie est trop longue, vous devriez plus de respect à mes cheveux blancs et plus de reconnaissance aux soins que j'ai pris de votre enfance. — Mais, mon oncle, voyez la toile, elle vient de chez Giroux. — Sortez, monsieur, dit le comte d'A... ; à un si grand génie mon appui n'est plus nécessaire ; et moi, j'ai besoin de repos, de calme, d'amis qui ne se moquent pas de moi.

Eugène voulut s'excuser ; mais son oncle fut inflexible. Peu de temps après il retourna en Italie.

Pour le comte, il était tellement ému, qu'il n'avait pas compris les dernières paroles de son neveu, et heureusement pour lui, car elles apportaient une preuve assez forte. Sa colère n'avait été excitée que par la réponse que se permettait de lui faire son neveu, seulement en sa qualité de réponse.

Quand le comte fut seul, il fit quelques réflexions sur l'abandon où il se trouvait ; puis, une idée vint lui éclairer l'esprit :

— Certes, se dit-il, j'ai mis mes deux neveux en position de me devoir qu'à eux-mêmes leur indépendance, ma fortune est à moi.

Il envoya aussitôt chercher le brocanteur Samuel. Samuel était venu tous les jours depuis deux semaines ; il n'était ruse ni perfidie que l'habile homme n'eût mise en œuvre pour pousser l'amateur à acheter un *magnifique tableau de Rembrandt*. Mais le prix qu'il en demandait était presque une année de son revenu, et le matin même il l'avait renvoyé après une longue lutte contre lui-même, en lui enjoignant de ne plus revenir. Mais d'après sa nouvelle résolution, son argent lui appartenait.

— Samuel, lui dit-il, tu me demandes dix mille francs, c'est trop ; il faut qu'il me reste de quoi vivre ; je ne puis, en m'imposant les plus dures privations, passer mon année avec moins de deux mille francs. Je ne puis donc que t'offrir huit mille francs ; si cela ne te convient pas, disparais avec ton tableau, et ne remets jamais les pieds chez moi. — Monsieur le comte, dit Samuel, sait que ce que je lui demande de mon tableau ne ferait pas les deux tiers de sa valeur, et que si je n'étais pas très-pressé d'argent et le plus dévoué serviteur de monsieur le comte, je n'aurais qu'à attendre un peu, et j'en trouverais douze mille francs.

Ils débattirent encore longtemps, puis le comte finit par céder.

— Allons, Samuel, tu auras dix mille francs.

Il ne tarda pas à vendre son cheval ; puis à monter d'un étage, puis de deux, puis il vendit son argenterie.

Quand je l'ai connu, quatre ans après, il demeurait au quatrième, et avait aliéné son revenu pour cinq ans. Il vivait, avec un vieux domestique, de la vente de quelques bijoux.

Un de ses amis m'avait parlé de lui, et je sollicitai l'honneur de lui être présenté.

On me conduisit chez lui le soir ; je montai quatre longs et roides étages. Je sonnai, un domestique vint m'ouvrir. Cet homme avait encore une livrée, mais les couleurs en étaient ternies et effacées ; le drap était usé et râpé. Néanmoins, on reconnaissait, à ses manières et à son langage, un domestique de bonne maison ; il m'introduisit dans une antichambre démeublée, me demanda mon nom et m'annonça.

Le salon, qui servait en même temps de chambre à coucher au comte, était pauvre et triste ; un lit, une table et des chaises en noyer en faisaient tout l'ameublement. Seulement quelques monuments rappelaient par leurs ruines la grandeur déchue du vieillard chez que je saluais ; il était dans un grand fauteuil de maroquin rouge ; sa robe de chambre était doublée de quelque chose qui, selon toutes les probabilités, avait dû être autrefois de l'hermine. Il parcourait un livre richement relié ; un tapis autrefois fort beau, mais alors usé jusqu'à la corde, couvrait en partie le carreau rouge de la chambre. Il se leva pour nous recevoir.

Je remarquai que les deux bougies qui éclairaient la chambre étaient d'inégale grandeur, ce qui démontrait jusqu'à l'évidence qu'elles n'avaient pas coutume d'être allumées toutes les deux à la fois.

Du reste, l'obséquiosité du domestique, son respect, sa prévenance poussée au delà de toutes les bornes, montraient à la fois la bonté de son cœur et la honte qu'il éprouvait de la pauvreté de son maître.

Je demandai à M. d'A... la permission de le déranger quelque matin pour visiter sa magnifique galerie, dont j'avais beaucoup entendu parler.

La figure du vieillard s'illumina comme d'un coup de soleil ; ses yeux appesantis jetèrent un vif éclat.

— Monsieur, me dit-il, je vous montrerais mes tableaux avec plaisir ; mais le temps est couvert depuis quelques jours, d'épaisses vapeurs couronnent la ville ; et, comme un père orgueilleux, je ne veux montrer mes enfants d'adoption qu'avec tous leurs avantages. Venez me voir au premier jour un peu clair ; je ne sors jamais.

Quelques jours après, le vent du nord-est avait balayé l'atmosphère ; de fraîches teintes roses avaient coloré les nuées, que le soleil avait ensuite absorbées. J'arrivai vers midi chez le comte d'A...

Il déjeunait : tout dans cette maison montrait la plus triste des pauvretés, celle qui succède à l'opulence et en garde le souvenir, c'est-à-dire le regret. Il n'y a pas de plus déplorables haillons que des haillons de pourpre.

Le comte prenait son chocolat dans une magnifique tasse du Japon, dont l'anse était depuis longtemps brisée.

Il ne paraissait pas souffrir beaucoup de ces misères, mais son domestique en était préoccupé au dernier point ; pour me dissimuler une cuillère d'étain, il l'enleva sans que son maître s'en aperçût, et celui-ci, ne la trouvant plus sous sa main, s'en passa machinalement. Pierre était derrière son maître, la serviette sur le bras, attentif au moindre signe. Jamais dîner d'apparat ne fût servi avec tant de soins et de zèle que cette tasse de chocolat.

Le comte me demanda si j'avais déjeuné ; je serais plutôt mort de faim que de ne pas compatir au désespoir de Pierre, qui frémissait probablement de voir reparaître de odieuses cuillères d'étain ; je répondis affirmativement.

Pierre desservit. M. d'A... me parla quelques instants de choses et d'autres ; mais on voyait qu'il obéissait avec peine à ce tact que l'on attribue à l'usage du monde, et qui vient souvent du cœur, à ce tact qui l'empêchait de me mener tout de suite à sa galerie, parce qu'il aurait alors semblé ne me recevoir que pour me faire voir ses tableaux.

Nous sortîmes de l'appartement, et je suivis M. d'A... à un étage supérieur, par un escalier si roide que son âge semblait devoir le lui rendre dangereux ; je lui offris mon bras ; mais il me remercia d'un signe gracieux et monta assez lestement, puis il ouvrit une porte de grenier. C'était en effet un grenier qu'il avait placé ses tableaux ; plusieurs ouvertures, ménagées sur le toit et fermées par des châssis vitrés, leur donnaient un jour convenable.

Le vieillard s'arrêta un moment pour respirer et prendre haleine. Je le regardai ; une joie pure éclairait son visage ; sa voix devint plus vibrante et plus accentuée, quoique dans ce temple il ne retînt l'émission, ainsi qu'un instinct secret le fait faire dans une église ou dans un cimetière, où l'on n'a cependant pas peur de réveiller les morts. Il avait bien fermé la porte au dedans. Le grenier était, comme tous les greniers, formé de poutres et de tuiles.

— Monsieur, me dit-il, voici mes Italiens, mirez tous ces chefs-d'œuvre des maîtres italiens. Prosternons-nous devant cette admirable Vierge de Pérugin ; quelle pureté de sentiment ! quelle pure et douce expression ! cette toile, monsieur, est le chef-d'œuvre de ce maître, qui a formé Raphaël. Examinez avec attention, le Louvre ne possède rien de si parfait. Cette tête de Christ est de Michel-Ange, elle passe pour la plus énergique peinture de ce grand maître.

Je regardais pendant qu'il parlait ainsi, et je croyais rêver. Ce qu'il me montrait avec un semblable enthousiasme était une douzaine de copies fort médiocres de ces maîtres dont il croyait posséder les originaux ; mais il était si heureux !

Le bonheur d'un homme est une si bonne, si rare, si respectable chose, que pour rien au monde je n'aurais réveillé le comte en proie à ses riches illusions. J'étais prêt à faire l'éloge de la plus fanatique de ses mauvaises toiles, mais il ne m'en donna pas la peine ; il n'admettait pas de discussions sur ces chefs-d'œuvre, et ne supposait pas que l'admiration pût hésiter un moment. Il n'avait pas besoin de mes éloges ; il marcha vers la seconde travée.

— Voici mes Florentins, dit-il.

Quelques-uns des tableaux que le comte d'A... croyait posséder, je les avais vus bien réellement en différents lieux et en différents pays. Quelquefois il me racontait avec quelle peine il les avait obtenus.

— Tenez, me dit-il, voici un Léonard de Vinci de la plus grande beauté. C'est tout un roman qui m'en a rendu l'heureux possesseur ; une intrigue d'amour l'a tiré de la galerie de la princesse de***. J'ai vendu mes chevaux pour l'acheter, et j'ai failli me le voir enlever par un amateur inconnu qui, m'a dit Samuel, un juif avec lequel je fais des affaires, en avait prodigieusement envie.

Le tableau lui valait bien quinze francs.

— Voici maintenant mes Flamands. Ah ! monsieur, je n'en ai pas beaucoup ! dit-il tristement ; mais je suis pauvre maintenant.

Il n'avait point parlé de sa pauvreté quand je l'avais vu, lui descendant d'une noble et riche famille, en proie aux privations de la vie ordinaire ; il ne parlait de sa pauvreté que parce qu'il ne pouvait acheter des tableaux.

Comme on l'avait volé, sa prétendue galerie lui avait coûté des sommes énormes ; et il n'avait pas un seul tableau qu'un amateur un peu éclairé eût voulu admettre dans sa salle à manger.

Mais personne ne l'avait jamais détrompé. Tout le monde faisait comme moi. Il était si heureux ! si riche ! D'un mot on pouvait le jeter dans la pauvreté, le désespoir, la défiance. Je le remerciai et partis.

Je fis, à quelque temps de là, une visite de remercîments à M. d'A..., puis un voyage m'empêcha de le revoir.

Un mois après, comme je revenais, son portier me dit qu'il était mort depuis trois jours.

Il était tombé dans la plus profonde misère. Quoique depuis longtemps il n'eût plus pour ressource que le reste de quelques bijoux, il

2.

achetait encore des tableaux. Il en vint à vendre des décorations enrichies de pierreries, précieuses moins par ces pierreries que par les mains illustres qui les lui avaient données; il n'avait plus que quelques bijoux qui avaient appartenu à sa mère et qu'il ne voulait pas vendre. La mort lui évita une triste lutte entre ce respect pieux et les plus impérieux besoins.

Comme il était sur son lit, quatre jours avant sa mort, le juif Samuel demanda à lui parler.

Pierre répondit que son maître était très-mal et ne pouvait recevoir.

Le juif insista. Pierre se fâcha.

Il n'y avait pas de longues enfilades d'appartements entre l'antichambre et le lit du comte; il entendit du bruit, et frappa à la cloison pour savoir ce qui se passait.

— Monsieur, dit Pierre, c'est le juif Samuel qui veut entrer presque malgré moi. Samuel avait suivi Pierre, et cependant n'osait entrer.

Il dit à travers la porte :

— Monsieur le comte, c'est moi qui voulais vous proposer un marché d'or. — Hélas! dit le comte d'une voix affaiblie, hélas! mon bon Samuel, je ne fais plus de marchés, je me meurs! — C'est un Rembrandt, dit Samuel. — Un Rembrandt! s'écria le comte.

Mais sa voix redevint languissante.

— C'est bien beau; mais que veux-tu que j'en fasse? je serai peut-être mort demain. — Vous avez encore vingt ans, dit Samuël toujours à travers la porte. C'est du meilleur temps de Rembrandt.— Ce doit être bien beau, dit le comte; mais je me meurs! je me sens tout à fait faible. — Monsieur sait, interrompit Pierre, que le médecin lui a défendu de parler; il m'a à moi-même recommandé de ne laisser parvenir personne auprès de monsieur, et j'aurais obéi sans l'obstination de ce maudit juif. — Pierre, dit le comte, apporte-moi son tableau.

Pierre obéit. Samuel voulut entrer; mais il fut rudement repoussé.

— Tire le rideau.

Le comte ouvrit péniblement les yeux.

— Est-ce bien là un... Rembrandt?... — Comment, monsieur le comte! s'écria Samuel, en pouvez-vous douter? vous, le premier connaisseur de Paris! — Pierre, donne-moi ma loupe.

Et d'une main tremblante il tenait sa loupe et regardait attentivement la peinture.

— Oui, c'est un Rembrandt; mais ce n'est pas du meilleur temps, comme tu veux me le faire accroire. — Ah! monsieur le comte! — Je sais ce que je dis. Cela est très-beau... mais je n'ai pas d'argent. — Comment, monsieur le comte! je remporterai de chez vous un Rembrandt! — Laisse-moi tranquille, Samuël, je me meurs et je n'ai pas d'argent. — Mais je ne demande pas d'argent à monsieur le comte; un billet me suffira. — Mon billet! Je te dis que je serai mort demain. — Je vous dis, monsieur le comte, que vous vivrez plus que moi. — Mais je n'aurai pas d'argent pour payer ton billet. — Nous le renouvellerons; je le laisserai à mes enfants, et vos héritiers le leur payeront. Allons, monsieur le comte, un billet à treize mois : trois mille francs.

Le comte épuisé retomba sur son oreiller.

— Trois mille francs, c'est pour rien! dit le juif à travers la porte.

— C'est pour rien! murmura le comte. — Tenez, je vous le laisse pour deux mille cinq cents francs, pour qu'il ne tombe pas entre les mains d'un ignorant.

Le comte ne répondit pas, parce qu'il n'en avait pas la force.

Samuel prit ce silence pour une hésitation, et par des diminutions progressives arriva à lui laisser le tableau pour quinze cents francs.

— Allons, Pierre, dit le comte un peu reposé, soutiens-moi. Samuel, apporte ton papier.

Samuël entra; et le comte, soutenu par Pierre, écrivit en travers d'un papier timbré : — « Accepté pour la somme de quinze cents francs. »

Puis il s'évanouit.

A la lecture de son testament, on trouva, entre autres choses :

« Je lègue à mon neveu Octave, qui a su l'apprécier, ma galerie de tableaux, qui m'a coûté quatre cent mille francs, et vaut près du double. Mon neveu Eugène, mon frère, qui se croit beaucoup plus de talent qu'aucun maître, n'aura que les bijoux qui me restent, savoir : deux portraits enrichis de brillants et une bague ornée de trois beaux rubis que m'a donnée mon père. Mon neveu Octave prendra dans sa maison mon bon et fidèle Pierre, et le nourrira jusqu'à la fin de ses jours. Un si constant ami ne doit pas mourir à l'hôpital. »

Les tableaux furent vendus treize cents francs aux enchères. C'était un tiers au delà de leur valeur; il fallait payer deux ans de loyer au propriétaire du comte d'A... Ce qui restait ne couvrit pas tout à fait les frais de la vente.

Samuël présenta son billet; mais, sur la menace de poursuites correctionnelles, il consentit à le rendre et à reprendre la misérable copie qu'il avait vendue pour un original à monsieur d'A...

Eugène n'était pas riche. Il vendit les brillants qui entouraient les portraits pour payer quelques autres dettes de son oncle, le faire enterrer honorablement et acheter un terrain pour lui élever un petit tombeau. Il ne garda que la bague de son père.

Octave refusa de se charger de Pierre, qui vécut encore quelques années, et mourut chez Eugène le déshérité.

DE HAUT EN BAS,

PROVERBE.

PERSONNAGES.

Le comte DE GAFREVILLE, issu d'une très-ancienne noblesse, à peu près ruiné, sollicitant en vain à la cour quelque place ou quelque faveur qui rétablisse ses affaires.

M. LEGROS DES AULNAIES, ancien marchand qui, après avoir fait une première fortune dans un commerce de mélasse en Amérique, s'est installé à Paris, où il en a gagné une seconde en faisant des affaires. Il cache soigneusement la source de sa première fortune, ce qui n'empêche pas que tout le monde la connaît, et prend déjà presque à son insu des mesures pour dissimuler, quand il en sera temps, l'origine de la seconde. Il a à son service des gens de couleur, par habitude, mais pas de ceux qui l'ont connu marchand. Il s'appelle Legros, et ajoute à ce nom celui de des Aulnaies, depuis qu'il a acheté à la criée une portion d'un bois appelé les Aulnaies, qu'il a fait défricher, dont il a vendu les bosquets, l'ombre, le mystère au stère, à la corde et en cotrets, après quoi il a revendu le sol avec de grands bénéfices.

M. PETIT, commis de M. Legros des Aulnaies, fils d'un employé au ministère des finances. Le jeune homme a de l'ambition, il élève secrètement ses vues jusqu'à la fille de son patron; mais comme ça peut être long, et comme d'ailleurs la demoiselle n'est pas jolie, il courtise un peu Virginie, pour le mauvais motif.

Mlle EUPHÉMIE LEGROS signe les billets à ses amies Euphémie L. des Aulnaies. Celles-ci se moquent parfois entre elles de cette prétention; mais cependant, vis-à-vis de personnes en dehors de leurs relations habituelles, elles ont soin de dire avec une emphase déguisée : J'étais hier avec mon amie Mlle Euphémie des Aulnaies. D'ailleurs elles lui pardonnent bien des choses en faveur de son manque de beauté. Les femmes aiment l'amour de tout le monde, ainsi qu'il y a des personnes qu'elles n'aiment pas. Mlle des Aulnaies reçoit les vers de M. André Petit, comme les immortels hument l'encens des vulgaires humains. Fille prudente, elle ne lui répond pas par écrit. La personne du jeune homme ne lui déplaît même pas plus qu'une autre; mais un pareil mariage ne pourrait tout au plus que lui faire plaisir et ne ferait aucun chagrin à ses amies. Elle n'y songe donc pas; cependant elle serait fâchée que M. André ne lui fît pas la cour, et au besoin elle laisse entrevoir quelques espérances, seulement pour ne pas le décourager tout à fait.

VIRGINIE ROLLAND, femme de chambre de Mlle Euphémie des Aulnaies. Jolie fille appartenant à une famille de cultivateurs qui ont un peu de bien; elle se trompe sur les intentions de M. André.

EUSÈBE, mulâtre, valet de chambre de M. Legros des Aulnaies, amoureux de Virginie.

APOLLON, nègre, domestique de M. Legros des Aulnaies.

DEUX MENDIANTS.

La scène se passe chez M. Legros. — M. Legros est dans son cabinet, à son bureau; il y a dans la cheminée un feu presque assoupi, mais on est au mois de mars, la matinée est belle, il fait du soleil. Une large fenêtre permet de voir dans le jardin.

SCÈNE I.

LEGROS seul, une lettre décachetée à la main.

Voici un horrible malheur! deux hommes tués! qui va produire à la Bourse une fameuse baisse sur les actions de cette compagnie; le soin que j'ai eu d'en envoyer à un journal le récit amplifié et exagéré, vingt hommes morts! ne nuira pas à cette baisse, et comme les vraies nouvelles, qui n'arriveront que ce soir, démontreront l'exagération des premières, il y aura un mouvement en sens contraire. Il s'agit donc de vendre aujourd'hui à la Bourse, et de racheter ce soir dans la coulisse. Si ce malheur, cet excellent malheur ne me rapporte pas cent mille écus d'ici à vingt-quatre heures, je ne saurai plus à quoi me fier. Ah! voilà ce que j'appelle des opérations! Dire que j'ai niaisement gaspillé la meilleure moitié de ma vie à faire une maigre fortune dans un commerce à peu près honnête et que je l'ai fait naïf!

(Entre Eusèbe.)

SCÈNE II.

LEGROS, EUSÈBE.

EUSÈBE. — Monsieur le comte de Gafreville demande s'il peut avoir le plaisir de voir monsieur.

LEGROS. — Le comte de Gafreville... lui-même en personne... ici! oui certes! Mais donne-moi mon habit noir. Je ne puis le recevoir en robe de chambre. Ah bien oui! mais j'ai aussi des pantoufles et un pantalon à pieds. Il me faudrait un quart d'heure ! prie M. le comte d'entrer.

(Eusèbe sort. — Legros, très-ému, réveille son feu, jette dedans plusieurs morceaux de bois, approche deux fauteuils de la cheminée, ouvre brusquement sa bibliothèque, prend, comme s'il lisait, un livre relié en maroquin, et le met au coin de la cheminée. — Eusèbe annonce M. le comte de Gafreville. — Legros va au-devant de lui, après avoir posé son livre.)

SCÈNE III.
LE COMTE, LEGROS.

LEGROS. — Vous m'excuserez, monsieur le comte, si je vous reçois dans ce costume; certes, si j'avais pensé avoir l'honneur...

LE COMTE. — Vous plaisantez; est-ce que je ne suis pas moi-même en bottes et en lévite, en chenille, comme nous disions autrefois? Vous êtes parfaitement bien, mon cher monsieur.

(Legros fait asseoir M. de Gafreville et jette encore du bois au feu.)

LE COMTE. — Vous êtes venu chez moi hier au soir ; j'étais allé au château; il y avait un siècle que je n'y avais paru, et le roi avait eu la bonté de le remarquer; il m'a dit aussitôt qu'il m'a vu : « Eh bien! comte Gafreville, revenez-vous de la terre sainte, que l'on ne vous a pas vu cette semaine? » La vérité est que je boude la cour. Ce mot, il est vrai, me donne en paroles toutes sortes de témoignages d'estime, je dirai même d'amitié. Ce mot est permis à une famille comme la mienne. François Ier disait : « Roi, prince ou marquis, nous sommes tous gentilshommes. » Ma famille est aussi ancienne que celle des rois., et si je n'y compte pas de têtes couronnées, je n'y compte ni fous ni criminels. Je m'anime un peu. (Legros met du bois au feu.) Mais il est dur de voir le descendant d'une famille qui a été si longtemps l'appui du trône ne pas obtenir le moindre gouvernement pour rétablir ses affaires. J'en ai demandé un, et le ministre m'a répondu naïvement qu'il n'y avait plus de gouvernement de province. Et à qui la faute? ai-je répondu. (Il fait si chaud que le comte s'éloigne un peu de la cheminée. Legros craint qu'il n'ait froid à cette distance et met du bois au feu.) Mais, mon cher monsieur, ne mettez donc plus de bois au feu; si vous aimez vos amis, on peut dire que vous les aimez rôtis. Je répondis donc au ministre : « A qui la faute? Comment, la royauté qui se laisse tout prendre a-t-elle abandonné le droit de récompenser sa fidèle noblesse d'une façon qui ne lui coûtait rien, et qui était tout à la charge des provinces? Le roi ne pense pas qu'en abandonnant ses droits il abandonne ceux des nôtres? Le roi est un gentilhomme comme nous, le roi est un d'entre nous qui exerce les fonctions de roi. Voilà toute la différence. Avec quelle bonne grâce François Ier, le roi chevalier, ne cherchait-il pas toutes les occasions de traiter sa noblesse sur le pied de l'égalité! Les flatteurs corrompent les rois, et finissent par leur faire croire qu'ils sont d'une autre pâte que le reste des hommes. » Mais brisons là. Vous êtes venu me voir hier soir pour causer de l'affaire dont nous avons déjà parlé.

LEGROS. — Le mariage de nos enfants.

LE COMTE. — Oui. l'union projetée entre mon fils le vicomte et mademoiselle Legros. Sur les affaires d'argent nous sommes à peu près d'accord.

LEGROS. — C'est-à-dire que je fais ce que vous voulez, que je donne tout.

LE COMTE. — Quand mon fils donne toute sa noblesse, il eût été au moins singulier de vous voir hésiter à donner tout votre argent. D'ailleurs il ne convenait ni à mon fils ni à moi de nous occuper d'articles par centaines, comme des procureurs. De cette façon, il n'y a qu'un article. Nous sommes donc d'accord sur ce point. Mais il en est quelques autres que j'ai voulu traiter avec vous, et c'est pour cela que je suis venu vous voir sans façon.

LEGROS. — C'est beaucoup d'honneur que vous me faites.

LE COMTE. — Mon fils demeurera chez moi avec sa femme; de temps en temps nous ferons un bon petit dîner de famille, un dîner bourgeois. Ce jour-là nous serons entre nous, comme de bons amis.

LEGROS. — Vous êtes bon.

LE COMTE. — Vous avez vos habitudes, nous avons les nôtres. Il y a dans notre classe des gens qui ne sauraient pas comme nous apprécier tout ce que vous et madame Legros possédez de qualités solides, de vertus respectables. Qualités et vertus bien supérieures, sans contredit, à des manières plus ou moins recherchées et à une naissance plus ou moins... illustre. Nous savons tout cela, nous; mais il y a dans nos relations, dans notre famille même, des gens fort entichés de notre noblesse, une des plus anciennes de France, il est vrai; des gens qui n'ont pas marché avec le siècle, qui ont gardé certains préjugés. On ne peut se brouiller avec sa famille; et, comme, d'autre part, je ne souffrirais pas que quiconque... fût-ce mon cousin le prince-évêque, ou mon oncle le duc... manquassent d'égards envers vous et envers madame Legros...

LEGROS. — C'est-à-dire que vous nous verrez à huis clos, en cachette.

LE COMTE. — Non, en bonne fortune.

LEGROS. — Eh bien, monsieur le comte, il y a quelque chose de plus simple. Madame Legros des Aulnaies et moi, nous n'allons qu'où l'on nous désire et où l'on ne nous cache pas. Nous n'irons pas chez vous. Notre fille viendra nous voir, votre fils sera le bien reçu quand il l'accompagnera.

LE COMTE. — Allons, le voilà parti... Mais non, la comtesse et moi nous ne renonçons pas au plaisir de vous voir; ce que j'en dis, c'est pour vous. D'ailleurs votre fille ne pourrait pas venir vous voir bien souvent; elle va avoir de nouveaux devoirs, de nouveaux usages à apprendre, à exercer... La nature également lui imposera des soins précieux... A ce sujet, j'ai quelques observations à vous faire. Il faudra baptiser les enfants.

LEGROS. — Monsieur le comte pense-t-il que nous ne sommes pas chrétiens? c'est bien assez déjà qu'il ait l'air de nous prendre pour des gens mal élevés.

LE COMTE. — Pas du tout, mon cher ; c'est, au contraire, de la mauvaise éducation des miens que j'ai montré de la défiance. On baptisera les enfants. Il faudra leur donner des noms.

LEGROS. — Parbleu! ceux qui ont du parrain et de la marraine.

LE COMTE. — Non, il y a dans notre famille des noms consacrés. L'aîné des mâles s'est de tout temps appelé Raymond, et l'aînée des filles Hildegarde.

LEGROS. — Alors, monsieur le comte, vous vous appelez Raymond?

LE COMTE. — Oui certes.

LEGROS. — Eh bien, alors, il n'y a pas besoin de se tourmenter. Vous serez, selon l'usage, parrain du premier mâle, et madame Legros sera la marraine, et vous lui donnerez votre nom de Raymond.

LE COMTE. — Pardon... de quel usage parlez-vous?

LEGROS. — Quand je dis l'usage... c'est peut-être beaucoup dire... seulement, j'ai vu souvent les ascendants des deux familles tenir le premier enfant sur les fonts baptismaux.

LE COMTE. — Ah... oui... très-bien... c'est un usage... très-patriarcal... cela a du bon. Je ne connaissais pas cet usage-là. C'est bourgeois; mais, je le répète, ça a du bon. Mais ici le cas est... différent... Ça ne se pourra pas, j'ai déjà choisi le parrain et la marraine; ce sera mon oncle le duc et ma cousine la comtesse douairière de Selville.

LEGROS. — Monsieur le comte a-t-il encore quelques observations à faire?

LE COMTE. — Oui... à propos des enfants. Je me chargerai de leur éducation ; on les amènera vous voir de temps à autre, pas trop souvent... parce que... je ne sais comment vous dire cela... vous êtes d'une vivacité... Il sera nécessaire qu'ils prennent certaines manières... Je ne dis pas que les vôtres ne soient excellentes, ainsi que celles de madame Legros... A propos, que signifie donc ce nom de des Aulnaies que j'ai vu sur votre carte?

LEGROS. — C'est un nom de terre.

LE COMTE. — Cette terre a-t-elle, par lettres du roi, été érigée en marquisat, en comté, en baronnie, en quelque chose enfin?

LEGROS. — Non.

LE COMTE. — Je le pensais. Alors ce de fait de l'effet aux bourgeois, qui croient que c'est un signe de noblesse. Nigauds, que rien n'empêche de le prendre si ça leur fait plaisir. Regardez ce que c'est que les préjugés; vous et moi, nous en rions ! mais le vulgaire? Sans ce nom de des Aulnaies, qui pour vous et pour moi n'indique pas plus la noblesse que votre vrai nom de Legros, l'affaire était impossible, il n'y aurait pas eu moyen d'envoyer des lettres de faire part du mariage de M. le vicomte Raymond de Gafreville avec mademoiselle Legros; tandis que mademoiselle Euphémie, je crois?...

LEGROS. — Oui.

LE COMTE. — Qui a trouvé le nom d'Euphémie? ça n'est pas trop bourgeois.

LEGROS. — C'est le nom de ma mère.

LE COMTE. — Oh ! mon Dieu ! il y a du bon goût partout. Je disais donc que mademoiselle Euphémie des Aulnaies, ça pourra passer... à peu près. Les nôtres sauront à quoi s'en tenir, mais l'honneur de la famille sera sauf aux yeux des bourgeois. On répandra que la terre des Aulnaies a été érigée en baronnie, que c'est de la noblesse de l'empire.

LEGROS. — Est-ce tout, monsieur le comte?

LE COMTE. — Non, je disais quelque chose... vous m'avez interrompu. Ah ! j'y suis. Je disais donc que, madame Legros et vous, vous avez des manières, selon moi, excellentes, pleines de franchise, de rondeur, de bonhomie, la, des manières de braves gens tout à fait, des manières comme je les aime, qui sont l'indice d'un bon cœur; mais les enfants du vicomte de Gafreville, destinés à vivre dans un certain monde, à aller un jour à la cour, auront besoin...

LEGROS. — Je comprends... Monsieur le comte craint que les enfants de mademoiselle Legros n'aient les manières de leur grand-père... Mais comment ferez-vous pour qu'ils ne prennent pas les manières de leur mère, qui a dû prendre un peu des nôtres? La séparerez-vous de ses enfants?

LE COMTE. — Oh! les femmes prennent si vite les manières de leur situation! Je gage, en six mois, faire une duchesse présentable d'une grisette; avant trois mois, vous ne reconnaîtrez plus votre fille.

LEGROS. — Est-ce là tout, monsieur le comte?

LE COMTE. — Oui.., si j'oublie quelque chose, c'est que c'est peu important, et nous avons tout le temps d'en causer.

LEGROS. — A mon tour, donc, monsieur le comte, j'avais très-envie de voir ma fille vicomtesse ; j'en avais assez envie pour vouloir y mettre le prix, en argent ; mais les humiliations sont de trop ; et, tout bien considéré, c'est trop cher. Ma fille ne sera pas vicomtesse.

LE COMTE. — Quand je disais que cet homme est fait de salpêtre.

LEGROS. — Et moi aussi, j'ai une noblesse. Une fortune acquise honnêtement dans l'industrie et le maniement d'affaires utiles à mon pays est aussi une noblesse.

LE COMTE. — Personne n'en est plus convaincu que moi ; aussi ce que je vous dis est pour... les autres.

LEGROS. — Et cette noblesse-là, monsieur le comte, je la mets au-dessus de celle des parchemins, qui, entre nous, est passée de mode.

LE COMTE. — Vous ne dites pas ce que vous pensez, mon cher, vous qui consentez à vous dépouiller pour vous insinuer dans cette noblesse de parchemin, à laquelle je vous engage à témoigner plus de respect, membre que vous êtes de la noblesse de sacoche ! Ces talons-rouges de comptoir sont étranges ! Monsieur Legros, oublions tous les deux l'affaire dont j'avais eu la faiblesse de consentir à entendre parler.

LEGROS. — Volontiers, monsieur le comte ; rappelez-vous seulement une chose.

LE COMTE. — Laquelle ?

LEGROS. — C'est que c'est moi qui vous ai refusé.

LE COMTE. — Adieu, monsieur Legros.

LEGROS. — Je ne vous reconduis pas.

LE COMTE. — Je le vois bien, et ce n'est pas ce que vous faites de mieux ; mais j'y trouve mon compte.

SCÈNE IV.
LEGROS seul.

Non, non, vous n'aurez pas ma fille, et surtout vous n'aurez pas la dot de ma fille. Mme Legros va m'en vouloir ; elle aurait accédé à tout pour voir sa fille vicomtesse, mais moi ! On dirait que ces gens-là se croient d'une autre espèce que nous ; s'il y a deux espèces, ils sont de la mauvaise. J'ai voulu l'entendre jusqu'au bout. La noblesse ! avantage donné par le hasard ! Je voudrais bien savoir si leurs ancêtres, dont ils sont si orgueilleux, seraient, de leur côté, bien fiers de les avoir pour descendants. Absurde préjugé ! Oh ! il avait bien raison, celui qui a dit ;

Les mortels sont égaux, ce n'est pas la naissance,
C'est la seule vertu qui fait la différence.

(En prononçant ces paroles, Legros, fort agité et drapé noblement dans sa robe de chambre, se promène à grands pas ; il reprend sur la cheminée le volume qu'il avait fait semblant de lire ; il hausse les épaules de sa propre faiblesse ; il prend le livre, l'essuie avec sa manche, souffle sur la tranche dorée pour enlever la poussière, le remet dans la bibliothèque, qu'il ferme à double tour et dont il ôte la clef. Il revient des esprits dans les bibliothèques, et bien des gens en ont peur.)

(Il marche encore en répétant dix fois :)

Les mortels sont égaux, ce n'est pas la naissance,
C'est la seule vertu qui fait la différence.

(Il s'arrête à la fenêtre qui donne sur le jardin, et joue avec ses doigts la Marseillaise sur les vitres ; tout à coup il suspend l'hymne.)

Eh mon Dieu ! qu'est-ce que je vois ? Euphémie dans le jardin ! Elle se promène avec M. Petit ! Réellement ce M. Petit perd son temps comme s'il était à lui, comme si je ne le lui payais pas. Quatre-vingts francs par mois pour se promener au soleil avec ma fille dans le jardin ! Je trouverais à meilleur marché.

(Il sonne. — Eusèbe entre.)

Eusèbe, appelez-moi M. Petit.

(Eusèbe sort.)

Mais que diable fait ma fille au jardin ce matin ? Elle ne sortait pas d'ordinaire de sa chambre avant le déjeuner. C'est mon temps qu'il perd, puisque je le lui achète, et le temps, disent tous les proverbes, c'est le bien le plus précieux ; donc il me vole.

(Entre Petit.)

SCÈNE V.
LEGROS, ANDRÉ PETIT.

LEGROS. — Vous voilà, monsieur !

PETIT. — Oui, monsieur.

LEGROS. — Monsieur, vous êtes entré chez moi au prix de quatre-vingts francs par mois. Pourquoi faire ?

PETIT. — Monsieur, j'ai eu l'honneur d'entrer chez vous en qualité de commis et de secrétaire.

LEGROS. — Votre prédécesseur ne recevait que soixante-dix francs ; à ce titre et à quelques autres, je pense avoir droit à de l'exactitude de votre part.

PETIT. — Dites, monsieur, à du zèle, à du dévouement, au dévouement le plus absolu.

LEGROS. — Très-bien, monsieur. Je ne sais si c'est pour faire preuve de ce dévouement que vous vous promenez au jardin au lieu d'être dans votre bureau ; mais, à coup sûr, cela ne fait pas preuve d'exactitude à remplir vos devoirs.

PETIT. — Je rendais compte à mademoiselle d'une commission qu'elle avait bien voulu me confier.

LEGROS. — Que vous fassiez les commissions de ma fille, rien de mieux ; mais elles ne doivent pas vous empêcher de remplir vos fonctions.

PETIT. — Tenez, monsieur, je viens de vous faire un mensonge.

LEGROS. — Hein ?

PETIT. — Mademoiselle ne m'avait pas donné de commission.

LEGROS. — Que faisiez-vous alors dans le jardin ?

PETIT. — Je suis tout tremblant ; mais autant aujourd'hui qu'un autre jour, puisqu'il faudra bien que je vous le dise.

LEGROS. — Qu'est-ce ?

PETIT. — Au moment de parler, ma langue se glace.

LEGROS. — Ah çà ! monsieur...

PETIT. — Ah, monsieur, soyez mon second père.

LEGROS. — Qu'est-ce que ça veut dire ?

PETIT. — Mademoiselle Euphémie...

LEGROS. — Eh bien ?

PETIT. — Eh bien ! je l'aime, je l'adore...

LEGROS. — Ah mon Dieu !...

PETIT. — Je serai pour vous un fils respectueux, dévoué.

LEGROS. — Monsieur Petit, vous vous oubliez...

PETIT. — Je suis jeune et sans fortune ; mais, avec votre appui et vos conseils, je parviendrai. D'ailleurs, un dévouement sans bornes à vos intérêts sera le prix de vos bienfaits. Vos affaires seront les miennes.

LEGROS. — Il n'est pas dégoûté... Monsieur Petit, parlons sérieusement : si je comprends bien vos paroles incohérentes, vous me proposez de vous donner ma fille en mariage ?

PETIT. — Oui, monsieur, et croyez...

LEGROS. — Trève de phrases. Je vais vous montrer une grande indulgence.

(Petit se précipite sur la main de Legros comme s'il voulait la baiser, Legros l'arrête d'un geste superbe.)

LEGROS. — Je vais vous montrer une grande indulgence... Je ne vous chasse pas à l'instant même... Vous finirez votre mois, cela vous donnera le temps de chercher une place.

PETIT. — Mais, monsieur...

LEGROS. — Et dans votre nouvelle place, vous ferez bien de montrer moins d'ambition.

PETIT. — Mais, monsieur, je ferai comme vous ; par le travail, par la probité, je deviendrai riche, je...

LEGROS. — Ah ! vous voulez épouser mademoiselle des Aulnaies ! Il y a une demi-heure je la refusais à M. le comte de Gafreville, qui venait en personne me la demander pour son fils... Vous comprenez que ce n'est pas pour la donner au fils d'un employé au ministère des finances. Non, mon cher, mademoiselle des Aulnaies n'est pas destinée à devenir madame Petit.

PETIT. — Monsieur, mon père est un homme honorable...

LEGROS. — Qui vous dit le contraire ? Et vous aussi, mon cher, vous êtes un homme honorable ; tout le monde est honorable... Mais, enfin, il y a des classes dans la société... Il y a des rangs... Et c'est là le malheur de ce temps-ci, c'est que tout le monde veut sortir de sa sphère... C'est que tous les moyens sont bons pour arriver à tout... C'est qu'il n'y a pour personne ni moyens trop bas ni ambition trop haute. C'est le tohu-bohu, c'est la confusion !

PETIT. — Monsieur...

LEGROS. — C'est assez, n'en parlons plus. Vous finirez votre mois. Cependant si, pendant les vingt jours que vous avez encore à passer ici, vous vous avisez d'adresser la parole à mademoiselle des Aulnaies, ou seulement de lever les yeux sur elle, il faudra partir cinq minutes après, le temps de rassembler vos plumes et votre canif.

(Entre Eusèbe.)

EUSÈBE. — Monsieur, le déjeuner est servi.

LEGROS. — Tenez, monsieur Petit, mettez-vous là, à mon bureau ; il y a là dix lettres à copier. Réparez le temps que vous m'avez perdu. Vous me les descendrez après le déjeuner. (Il sort.)

SCÈNE VI.
ANDRÉ PETIT.

Ah, mademoiselle Legros n'est pas destinée à devenir madame Petit ! Ah ! je suis chassé pour avoir seulement pensé à elle ! Ce que c'est que les parvenus ! Un marchand enrichi ! il y a bien de quoi être si fier ! une fortune acquise en vendant à faux poids des marchandises sophistiquées ! Comme il m'a traité ! Quoi ! parce que je ne suis pas riche ! Je le deviendrai, j'ai de la volonté, de l'intelligence. (Avec emphase.) C'est un cœur d'honnête homme qui bat dans ma poitrine, un honnête homme est l'égal de tout le monde. (*Il froisse les lettres à copier et les jette par terre.*) Oui, je deviendrai riche... quand je devrais faire comme les autres. Ah! ça aurait bien abrégé le chemin... que d'épouser la fille d'un millionnaire. Mais, elle m'aime, tout n'est pas perdu, les coups de bâton respecteront notre amour; cet amour qui est mon bonheur, qui est ma vie... Gardons ces phrases-là pour lui écrire. Racontons-lui ma douleur en vers touchants. L'amour rapproche les conditions, l'amour rend égaux la bergère et le monarque, l'amour... Ça n'est pas, au fond, que j'en aie beaucoup; cependant je la rendrais heureuse. Elle aime les vers; les femmes aiment les vers, le langage des dieux, faisons des vers. Je me rappelle ma première séduite : j'ai perdu une femme, je lui ai fait tout abandonner, famille, mari, enfants, fortune, avec des vers de quatorze pieds! (*Il se lève, se place devant la cheminée, se regarde dans la glace, et arrange ses cheveux.*) Quel dédain m'a montré cette sacoche de Legros! la nature m'a donné de l'esprit et quelques avantages extérieurs, il me semble que cela vaut bien l'argent. Il ne me croit pas son égal... mais je suis son supérieur. Vil métal! Allons, faisons des vers à sa fille. (*Il se rassied devant le bureau.*) DÉSESPOIR. Ça n'est pas mal pour le titre...

(*Entre Virginie un balai et un plumeau à la main.*)

SCÈNE VII.
VIRGINIE, ANDRÉ PETIT.

VIRGINIE. — Quoi! vous êtes ici, monsieur Petit?
PETIT. — Et pas pour longtemps, charmante Virginie.
VIRGINIE. — Que voulez-vous dire?
PETIT. — Que je quitte cette maison à la fin du mois pour n'y jamais rentrer.
VIRGINIE. — On vous a renvoyé?
PETIT. — Non... pas précisément. Mais monsieur Legros, qui s'en fait accroire, a pris avec moi un ton qui ne me convient pas; j'ai donné ma démission.
VIRGINIE. — Ah mon Dieu!
PETIT. — Je remplis mes obligations envers M. des Aulnaies, mais il ne doit pas oublier que, sous le rapport de l'éducation, des manières, je suis au moins son égal, et qu'il me doit les égards qu'on se doit entre hommes comme il faut. Le berger honnête étant mieux que le prince déloyal...
VIRGINIE. — Et vous partez à la fin du mois!
PETIT. — Oui; je n'ai pas voulu le laisser dans l'embarras.
VIRGINIE. — Écoutez-moi, monsieur Petit. Vous m'avez dit souvent que vous m'aimiez...
PETIT. — Oui, certes, je vous aime, charmante Virginie.
VIRGINIE. — Jusqu'ici j'ai évité de vous répondre, mais ce qui arrive change tout; moi aussi je vous aime, monsieur Petit. Ma famille est honnête : mon père est cultivateur, il a amassé un peu de bien...
PETIT. — Je ne vois pas besoin de cela pour vous trouver adorable, ma chère Virginie. (*Il veut l'embrasser.*)
VIRGINIE. — Ce n'est pas le moment de plaisanter, monsieur Petit. Parlons sérieusement. Partez d'ici aussitôt que vous le pourrez, je vous donnerai une lettre pour mon père.
PETIT. — Une lettre pour votre père!... mais ne craignez-vous pas qu'il soupçonne...
VIRGINIE. — Que nous nous aimons?
PETIT. — Oui.
VIRGINIE. — C'est justement ce que je lui dirai dans ma lettre.
PETIT. — Je ne comprends pas.
VIRGINIE. — Comment, vous ne comprenez pas! Je dirai à mon père que vous m'avez fait la cour.
PETIT. — Mais il se fâchera.
VIRGINIE. — Pas le moins du monde. Je lui dirai toutes les bonnes qualités que j'ai découvertes en vous, je lui dirai que je crois que vous me rendrez heureuse... et .. le reste vous regardera... vous parlerez à mon père.
PETIT. — Mais que voulez-vous que je lui dise?... Il n'est pas d'usage de prendre les pères pour confidents de ces choses-là.
VIRGINIE. — À mon tour, c'est moi qui ne vous comprends pas. Comment, sans cela, voulez-vous que la chose se fasse?
PETIT. — Mais quelle chose?
VIRGINIE. — Jamais je n'irai contre la volonté de mes parents, et d'ailleurs je n'ai que dix-neuf ans.
PETIT. — J'ai un plan qui vaut mieux que cela. Je vous aime, vous m'aimez, je quitte la maison, mais je vais trouver une autre place; vous sortez le dimanche, eh bien! vous viendrez me voir tous vos jours de sortie.
VIRGINIE. — Vous aller voir?... Mais je ne compte pas rester en service une fois mariée.
PETIT. — Comment, une fois mariée! est-ce que vous allez vous marier?
VIRGINIE. — Ah çà, monsieur Petit, à quel jeu jouons-nous?
PETIT *avec emphase.* — Au jeu charmant de l'amour. (*Il veut l'embrasser.*)
VIRGINIE. — Finissez. Vous dites que vous m'aimez : je suis fille,

vous êtes garçon, mes parents m'aiment au point de ne rien me refuser, je vous dis d'aller me demander à mon père; il me semble que c'est clair.
PETIT. — Mais je vous assure que ça ne l'est pas du tout. Qu'est-ce que vient faire votre père entre nous?
VIRGINIE. — Je vous l'ai dit, je ne me marierai pas sans le consentement de mon père.
PETIT. — Ah! ah! ah! (*Il a peine à parler tant le rire l'étouffe.*) Ah! il s'agit d'aller demander votre main à l'auteur de vos jours. Ah! ma chère enfant, je ne vous comprenais pas. Fi donc! enchaîner notre liberté! mais le mariage tue l'amour. Non, non, ma chère Virginie, pas de pareilles chaînes, n'ayons que des liens de fleurs. Ah!... elle est bonne.
VIRGINIE. — Eh quoi! monsieur, vous ne voulez pas m'épouser?
PETIT. — Mais, ma chère enfant, on n'épouse plus, c'est passé de mode.
VIRGINIE. — Pourquoi alors depuis trois mois me dites-vous sans cesse que vous m'aimez?
PETIT. — Parce que je vous aime.
VIRGINIE. — Eh bien... alors?
PETIT. — Eh bien, alors, si vous m'aimez aussi, nous n'avons pas besoin du consentement de personne pour jouir d'une félicité parfaite.
VIRGINIE. — Eh bien... alors, allez chez mon père.
PETIT. — Ah çà, elle y tient! Voyons, chère enfant, précisons ce coq-à-l'âne. J'ai à votre disposition de l'amour, autant que vous en voudrez, du plus tendre, de l'amour numéro un, mais je suis ennemi du mariage. Je vous aime, il n'y a qu'une chose au monde que j'aime autant que vous... c'est le célibat. Sérieusement, où avez-vous pris cette idée bouffonne?
VIRGINIE. — Mais je ne vois pas ce que mon idée a d'extraordinaire.
PETIT. — Allons donc, ma chère petite, vous n'y pensez pas.

(*Entre Eusèbe.*)

EUSÈBE. — Monsieur Petit, le patron vous demande dans la salle à manger.
PETIT. — Ah! mon Dieu! et ses lettres! (*Il ramasse les lettres, les replie, les repasse avec sa manche.*) Bah! il y a quarante marches, c'est plus qu'il n'en faut. Ah! cette pauvre Virginie! (*Il sort.*)
EUSÈBE. — Mademoiselle Virginie, j'ai à vous parler; je remonte aussitôt que j'aurai desservi le déjeuner. (*Il sort.*)

SCÈNE VIII.
VIRGINIE seule.

Ah! je comprends maintenant; c'est-à-dire que monsieur André Petit se trouve trop grand seigneur pour m'épouser. Monsieur aurait daigné laisser tomber sur moi quelques bontés du haut de sa grandeur! Un commis aux appointements de quatre-vingts francs par mois! c'est-à-dire à pas d'appointements, puisqu'on vient de le renvoyer. C'est inouï! parce que ça a deux chiffons de drap qui lui pendent du dos, et que ça a accroché ce qu'il ne sais comment à sa veste, ça se croit quelqu'un, ça se croit au-dessus de la fille d'un honnête cultivateur. Comme si une jolie fille d'une famille honnête n'était pas l'égale de tout le monde!
L'AUTEUR. — Parmi les femmes, les belles sont les nobles et les laides les roturières.
VIRGINIE. — Monsieur André Petit me trouve présomptueuse de vouloir l'épouser... Monsieur le commis... le commis chassé, ne veut pas descendre de son rang; il a peur de se mésallier. Mais c'est moi qui me serais mésalliée... Ça fait pitié.

(*Entre Eusèbe.*)

SCÈNE IX.
EUSÈBE, VIRGINIE.

EUSÈBE. — Vous êtes bien bonne de m'avoir attendu.
VIRGINIE. — A vous parler franchement, je ne pensais guère à vous et ce n'est pas pour vous faire exprès que je suis restée ici... Il faut que je me dépêche de faire mon ouvrage... (*Pendant le reste de la scène elle balaye, dérange et range les meubles, frotte, essuie, époussète, etc.*)
EUSÈBE. — Est-ce vrai, mademoiselle Virginie, que vous allez épouser Germain? (*Gros soupir.*)
VIRGINIE. — Qui ça... Germain? Le valet de chambre de monsieur Raymond?
EUSÈBE. — Oui.
VIRGINIE. — Qui vous a dit cette bêtise-là... monsieur Eusèbe?
EUSÈBE. — Quoi! ce n'est pas vrai... Vous ne l'épousez pas?...
VIRGINIE. — Moi! épouser monsieur Germain? Un valet de chambre qui n'a que sa place, qu'on peut renvoyer demain, et qui serait sur le pavé... Non! Dieu merci, je ne suis pas assez folle pour y penser seulement... La ferme de mon père est en partie à lui, et il ne me mariera pas sans me donner une bonne coffrée et une petite dot.
EUSÈBE. — Ah! mademoiselle, avec votre figure on n'a besoin ni de

dot ni de coffrée... Eh bien !... je suis bien heureux que ça ne soit pas vrai.
VIRGINIE. — Qu'est-ce que ça peut vous faire... monsieur Eusèbe ?
EUSÈBE. — J'ai quelques économies, mademoiselle... J'ai deux mille francs... J'ai de plus un cousin qui m'a promis de m'aider à fonder un petit commerce...
VIRGINIE. — Tant mieux pour vous, monsieur Eusèbe.
EUSÈBE. — Et pour vous aussi, si vous le voulez bien...
VIRGINIE. — Comment cela... monsieur Eusèbe ?
EUSÈBE. — En devenant madame Eusèbe, vous seriez la maîtresse absolue de ma personne et de mon petit bien.
VIRGINIE. — Vous n'y pensez pas, monsieur Eusèbe.
EUSÈBE. — Au contraire, j'y pense trop ; ça me rend presque idiot... J'ai des distractions, des absences de mémoire... J'oublie tout ! et si ça dure, je me ferai mettre à la porte par monsieur des Aulnaies.
VIRGINIE. — Eh bien ! si vous y pensez, il faut vous mettre à n'y plus penser.
EUSÈBE. — Pourquoi cela !

De Haut en Bas (sc. I).

VIRGINIE. — Parce que...
L'AUTEUR. — *Parce que* est de toutes les raisons que donnent les femmes celle qu'il est le plus difficile de réfuter... Aussi la donnent-elles souvent.... Quand une femme dit : *Parce que...* c'est qu'elle a sa résolution bien prise... Si l'on insiste et si l'on en arrache une autre, il est probable que la seconde raison, plus clairement formulée, sera un mensonge... ou au moins une brutalité.
EUSÈBE. — Parce que... n'est pas une raison.
VIRGINIE. — C'en est une si bonne que je n'en donnerai pas d'autre.
EUSÈBE. — Il me semble cependant, mademoiselle, que lorsqu'un honnête homme de votre condition et de votre rang vous fait une proposition honorable, le moins que vous puissiez faire est d'appuyer votre refus d'une bonne raison.
VIRGINIE. — Si je ne dis pas ma raison, c'est parce qu'elle est bonne et que, précisément à cause de cela, cela vous fâcherait.
EUSÈBE. — Dites toujours...
VIRGINIE. — Ma foi, puisque vous êtes entêté, tant pis pour vous, monsieur Eusèbe ; mais je n'épouserai pas un homme de couleur.
EUSÈBE. — Me prenez-vous pour un nègre, mademoiselle ?
VIRGINIE. — Je vous prends pour ce que vous êtes, monsieur Eusèbe. Regardez-vous.
EUSÈBE. — Quoi ! vous me repoussez parce que mon teint est un peu plus coloré que le vôtre ?
VIRGINIE. — Dites beaucoup, monsieur Eusèbe.
EUSÈBE. — Le sang qui coule dans mes veines est rouge comme le vôtre ; mon cœur est aussi bon que le vôtre ; parce que je suis né plus proche du soleil que vous, vous me croyez votre inférieur ; mais les fruits les plus colorés par le soleil sont les meilleurs.
VIRGINIE. — Tout cela est possible, monsieur Eusèbe, mais ce que je vous ai dit est ma pensée ; et je vous assure que ce ne serait pas ma pensée, que mon père ne donnerait pas son consentement.
EUSÈBE. — Quoi ! un paysan !
VIRGINIE. — Paysan si vous voulez, mais blanc.
EUSÈBE. — Pas déjà tant !
VIRGINIE. — Au moins il n'a pas de sang de nègre dans les veines ! Adieu.
EUSÈBE *seul*. — Sotte engeance ! Honnêteté, bon cœur, amour, tout cela ne compte pour rien, parce que je suis mulâtre ! Est-ce bête !

SCÈNE X.

Dans l'antichambre.

EUSÈBE, APOLLON, LE NÈGRE.

APOLLON. (*Il lui frappe sur l'épaule.*) Ah çà ! je vous cherche partout, maître Eusèbe ! Il faut m'aider à débarrasser une charretée de bois, et vite !
EUSÈBE. — Apollon, tu voudras bien ne pas me frapper sur l'épaule, et me parler plus honnêtement, entends-tu ? Que ce soit la dernière fois que je te le dise !
APOLLON. — Je ne vous parle pas malhonnêtement, monsieur Eusèbe, je vous parle comme on parle à un bon camarade.
EUSÈBE. — Nous ne sommes ni bons ni mauvais camarades, Apollon, tu as tes fonctions et j'ai les miennes... Nous ne sommes pas camarades du tout... Si nous n'étions pas en France, tu n'oserais pas me parler comme tu fais.... ou tu ferais connaissance avec un bon rotin. Que je n'aie plus à te le dire, n'oublie plus le respect que tu me dois, mauvais nègre. (*Il sort.*)

SCÈNE XI.

APOLLON *seul*.

Nègre... nègre... Ils n'ont que cela à dire... On dirait que parce qu'on a la peau noire on n'est pas un homme comme eux... Et ces maudits mulâtres, ils sont plus blancs que les maudits blancs... C'est-à-dire que, quoique nos prêtres disent que le diable est blanc.... je crois plutôt qu'il est mulâtre... Ce n'était pas tant la peine de nous faire quitter le culte de nos fétiches, de nous baptiser et de nous mettre d'une religion qui prêche l'égalité, pour nous traiter comme on fait.... Nègre ! Eh bien ! oui, je suis nègre.... J'aime autant cela que d'être mulâtre... Au moins ma mère était la femme de mon père... Tandis qu'eux, presque toujours, ils sont le fruit d'un adultère ou d'un concubinage.... J'aime autant être nègre que blanc... Aux yeux de Dieu, il n'y a ni nègres ni blancs... Dieu n'est ni blanc ni noir... Il est lumière... Il est soleil... Devant lui les hommes sont égaux... — Qui frappe à la porte ? (*Il entr'ouvre la porte.*)
UNE VOIX. — Un pauvre aveugle, s'il vous plaît.
APOLLON. — Encore un mendiant. Allez-vous-en, on ne donne pas ici... On ne pourra donc jamais se débarrasser de cette vermine-là...
(*Il referme brusquement la porte.*)

SCÈNE XII.

Dans la rue.

UN AVEUGLE, joueur de clarinette, conduit par un chien. — UN AUTRE MENDIANT appuyé sur des béquilles.

L'AVEUGLE. — Le brutal ! Ces domestiques, ces fainéants, ça parle plus durement aux pauvres que leurs maîtres. (*Il souffle dans sa clarinette.*) Qui va là ?
LE BOITEUX. — Un confrère.
L'AVEUGLE. — Un aveugle ?
LE BOITEUX. — Non, un boiteux.
L'AVEUGLE *d'un ton dédaigneux*. — Ah ! ce n'est qu'un boiteux ?
LE BOITEUX. — Est-ce parce que tu joues de la clarinette que tu es si fier ? Joli instrument, qui rend sourds ceux qui l'entendent, et aveugles ceux qui en jouent ! Est-ce parce que tu es aveugle ? Mais qui est-ce qui n'est pas un peu aveugle ? Je ne suis que boiteux, mais je ne suis pas un boiteux comme un autre. J'ai une plaie hideuse à voir que je montre aux passants, avec l'autorisation du maire et avec garantie du gouvernement. Certes, mon confrère, je ne voudrais pas être aveugle et perdre ma plaie ; je ferais un marché de dupe, j'y perdrais. Je te pardonne ta fatuité et ton ignorance, parce que tu n'y vois pas.

(*L'aveugle, un moment interdit, cherche autour de lui ; puis il donne un coup de bâton à son chien.*)

UN IVROGNE.

Mon ami *** rentrait tard chez lui, — près de la Madeleine il voit un enfant qui pleurait près d'un tas noir.
— Qu'as-tu, petit ?

— Monsieur, j'ai peur.
— Qu'est-ce que c'est que ça qui est par terre?
— Monsieur, c'est mon oncle.
— Qu'a-t-il, ton oncle?
— Monsieur, il est un peu bu.
— Est-ce qu'il ne peut pas se relever?
— Je ne crois pas, monsieur, — je ne suis pas assez fort pour le ranger sur le côté, et il sera écrasé. — Et l'enfant se remit à pleurer.
*** prend l'oncle pour le traîner auprès du mur, — mais l'oncle se développe et dit : — Allons chez nous.
— Où demeures-tu, petit?
— Telle rue, — tel numéro.
— Crois-tu que ton oncle puisse marcher?

De Haut en Bas (sc. V).

— Il a essayé plusieurs fois, mais il est toujours tombé; — je ne suis pas assez fort pour le soutenir.
Il n'y avait pas là de voiture, — *** ajoute que *c'était à peu près son chemin*. — *** est de ces gens qui colorent une bonne œuvre de quelque prétexte pour ne pas avoir à en rougir.
Il prit l'oncle sous le bras, — et lui dit : — Allons, mon brave, — en route.
L'oncle obéit machinalement, et commença à marcher, moitié dormant, moitié trébuchant. — Cependant le mouvement rendit un peu de lucidité à ses idées, — et il dit à *** : — Vous êtes tout de même un bon enfant, nous allons prendre quelque chose.
Et il désignait du doigt un marchand de vin, dont la boutique était encore ouverte.
Mais comme il s'aperçut que *** ne répondait pas à son invitation, il ajouta : — C'est moi qui paye.
— Non, vous avez au moins assez bu, — marchons.
— Ah! c'est parce que je ne suis qu'un ouvrier, que tu ne veux pas boire avec moi? — Tu méprises le peuple; — j' te va crever la g.....
— Allons, allons, marchons!
L'oncle retomba dans l'engourdissement pendant quelques minutes et suivit son conducteur; — mais bientôt, oubliant sa colère, il reprit en voyant une autre boutique : — Vous êtes un bon enfant, — entrons là, — c'est moi qui paye.
Cette fois *** lui dit : — Pas là, — j'en connais un qui a du petit blanc à douze.
— Où ça?
— Au bout de la rue.
— Eh ben! allons au petit blanc.
Arrivés au bout de la rue, — il s'arrête et dit :
— Eh ben! où est-il votre vin blanc?... Ah! c'est parce que je suis un ouvrier; — eh ben! j' te va casser la g.....
— Toi me casser la g.....! — viens-y donc, — viens donc seulement avec moi au bout de la rue,

— Tout de suite, — que j'y vas, — j' te vas corriger.
On se remet en marche. — Au bout de la rue, *** lui dit :
— Si tu veux venir encore un peu, — je m'y reconnais à présent; le petit blanc est au bout de la rue.
— Eh ben! allons.
Au bout de la rue, pas de vin blanc. — *** dit :
— C'est que la boutique est fermée.
— Tu me fais aller, — répond l'oncle, — j' te vas crever la g.....
— Allons, je le veux bien, — viens au bout de la rue.
Et de cette façon *** ramena l'oncle jusque chez lui.

———

M. de V..., au moyen de bottes à talons hauts, n'a pas bien loin de quatre pieds dix pouces.
Sa crainte perpétuelle, — comme celle de beaucoup d'hommes de petite taille, est qu'on ne le prenne pas au sérieux, — qu'on ne le compte pas pour quelque chose.
Il parle haut pour forcer l'attention; — la crainte de n'être pas aperçu lui donne un grand amour pour les couleurs éclatantes qui saisissent douloureusement l'œil; — il frappe du pied et fait du bruit en marchant, parce que du bruit ne se fait pas tout seul, et que cela prouve que c'est quelqu'un qui passe; — il porte de gros favoris noirs et a d'habitude le sourcil froncé, pour se donner un air terrible qui démente à l'avance les suppositions peu respectueuses que peut faire naître l'exiguïté de sa taille : — il ne parle que de tuer, de briser et de rompre. — Vous le rencontrez, il vient de battre un charretier, — ou de *bien arranger* un gaillard de cinq pieds huit pouces, — ou de dire son fait à un spadassin.
Il vous serre la main et réunit tous ses efforts pour vous faire un peu de mal. — Il déploie, pour prendre son chapeau, un appareil de vigueur suffisant pour porter une poutre. — Jamais il ne dénoue un cordon, il le brise.

Raymond.

Il jure chaque fois que le lieu où il se trouve peut rigoureusement le permettre; — il ouvre et ferme les portes avec violence. — A table, après le dîner, il n'acceptera jamais aucune des liqueurs douces. — Le rhum seul, dira-t-il, — fade et écœurant, — il demandera du rak. — En un mot, il ne fait pas un mouvement, il n'articule pas une syllabe qui ne soit un manifeste et une protestation contre les hommes de taille ordinaire, qui ne veuille dire : — Je suis petit, mais fort, mais terrible.
Vous le rencontrez un jour le plus heureux des hommes, — il vient de s'accrocher à une des choses sérieuses de la vie; — il a un procès, on lui envoie les assignations comme au premier venu, — il ne sort plus sans un énorme portefeuille, — il laisse traîner des papiers timbrés dans son salon.

Quand il parle de femme, — c'est d'un ton tout particulier et avec un sourire qui crie tout haut : Je suis un séducteur, un scélérat, — je séduis, je trompe ; — je suis petit, il est vrai, mais horriblement dangereux, — si l'on dit quelques mots de politique ou des affaires du moment, il se déclare toujours pour les partis violents et excessifs, — vous l'offenseriez de dire qu'il est bon et doux de caractère ; — il s'accuse volontiers d'être trop emporté, trop violent, et de ne pas être maître de lui dans ses colères.

S'il y a une conspiration dont on recherche les complices, M. de V., qui n'y est pour rien, ne manque pas l'occasion de paraître être quelque chose dans une affaire aussi grave. Il coupe ses énormes favoris, et dit à tout le monde que c'est pour ne pas être reconnu ; — il ne s'arrête qu'un moment avec celles de ses connaissances qu'il rencontre dans un endroit public. — Je me cache, leur dit-il — tout est découvert. — Et il fait si bien, et il se cache si bruyamment, qu'on finit par croire un peu plus qu'il ne le voulait d'abord à sa complicité et à ses forfaits ; — il est mandé par un juge et a quelque peine à se justifier. Il porte des éperons démesurés, — il prendrait pour un aveu humiliant, pour une honteuse concession de monter un poney ou un cheval de petite taille, — il se perche sur de grandes bêtes normandes ; — jamais il ne s'avoue fatigué, il a une organisation si robuste !

Quoiqu'il ne parle qu'avec un profond dédain des hommes de grande taille, — rien ne le flatterait autant que de leur ressemblance.

Il a une belle femme, — il l'a choisie grande, forte, — un peu chargée d'embonpoint. Il n'aime pas beaucoup qu'on l'aille voir, — et sa maison est d'un accès difficile. — Cependant il fait une exception en faveur de M***. Voici comment s'est faite leur connaissance.

Il se trouvait un jour au théâtre ; il était arrivé tard, il fut obligé, avec quelques autres personnes, de se tenir debout. Malheureusement il y avait devant lui un homme de taille assez haute qui l'empêchait de voir le théâtre, et le rendait aussi étranger à ce qui se passait sur la scène que s'il eût été à trente lieues de là. Cet homme s'en aperçut, et lui dit poliment : Voulez-vous passer devant moi ?

M. de V*** répondit sèchement qu'il voyait parfaitement bien.

À dire le vrai, il n'avait encore vu que le dos de son obligeant voisin ; — mais cette condescendance, cette quasi-pitié pour sa taille, lui semblait insultante.

À l'acte suivant il se fit un reflux parmi les spectateurs non assis, et M. de V*** se trouva devant à son tour. — Le voisin, qui, tout à l'heure, lui avait offert sa place, voulut se venger par un sarcasme de la réponse impolie de M. de V***, et lui dit : Obligez-moi d'ôter votre chapeau, je ne vois absolument rien.

Deux personnes se retournèrent et sourirent en voyant que le chapeau du petit homme n'allait pas au menton de celui qui s'en prétendait si fort empêché.

— M. de V***, enchanté de gêner quelqu'un, — heureux de se trouver en obstacle à quelque chose, — se confondit en excuses, et, à plusieurs reprises, offrit à M*** sa lorgnette et du tabac. Depuis, quand il le rencontrait, — il le saluait avec un sourire gracieux. Il ne tarda pas à l'inviter à dîner et à l'introduire chez lui. — Beaucoup de personnes pensent que la rencontre a été préméditée par M***.

UN MÉLODRAME.

PERSONNAGES.

HÉLÈNE.
RAYMOND, vieil époux d'Hélène.
PAUL, voisin de Raymond.
RAMIRE, médecin.
MARC, neveu de Raymond.
STRATON, neveu de Raymond.
NINA, servante d'Hélène.
ANTONIO, domestique de Paul.

ACTE PREMIER.

Le théâtre représente un grand jardin illuminé de lanternes de couleur, des personnages masqués se promènent dans les bosquets, de temps en temps on entend de la musique venant de l'autre extrémité du jardin. Hélène et Nina sont sur le devant de la scène ; toutes deux sont vêtues de costumes turcs ; celui d'Hélène est d'une grande magnificence, celui de Nina est un costume d'esclave ; elles ont leurs masques à la main.

SCÈNE I.

HÉLÈNE. — Ah ! Nina, quelle imprudence tu m'as fait faire !

NINA. — Pensez-vous qu'il eût été beaucoup plus prudent de passer vos journées entières à votre fenêtre en face de la sienne ? Croyez-moi, les secrets des amoureux ne courent pas de danger pendant qu'ils sont d'accord ; c'est toujours après ou avant que se manifestent les soupçons et la jalousie des époux. Un homme amoureux fait, au moment de nouer un tendre lien, toutes sortes d'imprudences, que fait la femme à son tour lorsque ce lien se dénoue. C'est au contraire la prudence qui nous obligeait à profiter, pour une entrevue qui ne pouvait manquer d'avoir lieu, de la circonstance qui se présente : un voyage subit du seigneur Raymond. Il était trop tard pour contremander la fête qu'il vous donne pour l'anniversaire de votre naissance. La nature de cette fête, un bal costumé dont il vous a prié de faire les honneurs en son absence, vous permet d'entourer de mystère cette entrevue, sans laquelle vous n'auriez pas tardé à vous trahir.

HÉLÈNE. — S'il ne venait pas !

NINA. — On s'approche de nous.

HÉLÈNE. — Remettons nos masques.

SCÈNE II.

POLICHINELLE. — Belle odalisque, permettez-moi de vous jeter ce mouchoir.

HÉLÈNE à Nina. — Ce n'est pas lui.

(Elles ôtent leurs masques et tournent le dos à Polichinelle, qui s'enfonce dans les bosquets. Un grand domino noir passe deux fois devant Hélène et Nina, et les regarde avec attention ; elles ont remis leurs masques, mais il les a sans doute reconnues, car il disparaît comme Polichinelle sous les arbres.)

SCÈNE III.

HÉLÈNE. — Que nous veut ce domino ? Il m'a fait peur !

(Entrent deux personnages : l'un est vêtu d'un riche costume oriental, l'autre est habillé en Pierrot.)

NINA. — Madame, reconnaissez-vous ce Pierrot ?

HÉLÈNE. — Non, mais je reconnais son compagnon.

NINA. Attendez pour l'aborder que j'aie emmené le Pierrot ; il n'est autre que Straton, le plus méchant des deux méchants neveux de votre mari.

HÉLÈNE. — Je suis perdue.

PIERROT-STRATON. — Beau Turc, voilà sans doute la sultane que tu cherches ?

NINA à Hélène. — Tenez-vous dans l'ombre.

(Nina veut prendre le bras de Pierrot.)

NINA. — Seigneur Pierrot, on a deux mots à vous dire.

PIERROT-STRATON. — Est-ce de ta part ou de celle de ta belle maîtresse ?

NINA. — D'abord, Pierrot, qui vous dit que je ne suis pas aussi belle et plus belle que ma maîtresse ? — Mais il ne s'agit pas d'un message d'amour. Et aussi bien cela ne vous intéresserait guère : je veux vous parler d'un certain parent et d'un certain testament.

PIERROT-STRATON. — Chut ! parle plus bas.

NINA. Venez donc alors d'un autre côté.

(Ils traversent le jardin et sortent.)

SCÈNE IV.

PAUL à Hélène. — Je vous devine à mon émotion, aux battements de mon cœur, au charme divin qui se répand autour de vous ; mais, de grâce, madame, laissez-moi contempler ce cher visage que j'adore de loin depuis si longtemps !

HÉLÈNE. — Et si vous n'alliez plus me trouver belle ?

(Elle ôte son masque.)

PAUL. — Ah ! de loin vous êtes belle ; de près, vous êtes la Beauté. Les doux rayonnements de ce charmant visage éclairent mon cœur comme fait le soleil aux fleurs. Je puis donc enfin vous dire une fois à vous-même que je vous aime, il n'y avait plus que vous que je ne l'avais pas dit ; je l'avais dit aux étoiles, à la lune, aux arbres, à Dieu. — Ah ! madame, vous remettez votre masque !

HÉLÈNE. — Je n'oserai démasquer mon cœur qu'en remasquant mon visage. Asseyons-nous sous ce berceau qui n'est pas éclairé.

(Le grand domino traverse le théâtre, s'arrête devant Paul et Hélène, les regarde quelques instants, et s'en va.)

SCÈNE V.

PAUL. — Quel est ce domino ?

HÉLÈNE. — Je n'en sais rien ; mais il m'inquiète. Voilà deux fois déjà qu'il vient me regarder ainsi.

PAUL. — Voulez-vous que je lui arrache son masque ?

HÉLÈNE. — Grand Dieu ! n'ayez pas de pareilles idées ; ce serait me perdre.

PAUL. — Vous compreniez donc l'admiration d'abord, l'amour ensuite qui faisaient que je ne vivais qu'à cette fenêtre. — Quand vous arriviez à la vôtre, c'était une belle aurore ; quand vous partiez, c'é-

lait la nuit pour mes yeux et pour mon cœur. — Vous ne me parlez pas ?
HÉLÈNE. — C'est la première fois que je me trouve auprès de vous. Vous vous contenterez bien que je vous dise que j'en suis heureuse.
(*Le domino revient et s'arrête devant Hélène et Paul. — Paul porte la main à son poignard. — Le domino paraît chercher une arme de son côté et fait un pas vers Paul; — mais Hélène arrête celui-ci d'un geste, et lui dit :*)
Promenons-nous.
(*Ils s'éloignent tous les deux. — Le domino fait d'abord quelques pas pour les suivre, puis il s'arrête.*)

SCÈNE VI.

LE DOMINO. — Il n'est plus temps d'empêcher, il s'agit de punir.
(*Pierrot-Straton et Nina traversent le théâtre en se tenant par le bras. Le domino les arrête et demande :*)
Avez-vous rencontré un magicien ?
NINA *à part*. — N'est-ce pas le domino de tout à l'heure ?
PIERROT-STRATON *à part*. — Il me semble que je connais cette voix. (*Haut.*) Je l'ai rencontré plusieurs fois ; il doit être en ce moment autour des danseurs.
(*Le domino sort.*)
PIERROT-STRATON. — Je ne puis deviner qui vous êtes ; mais ce que je sais, c'est que vous connaissez très-bien et moi et mes affaires. De bonne foi, croyez-vous qu'il est bien agréable pour Marc et pour moi, qui avions été élevés par notre oncle Raymond, qui avions toujours pensé, comme tout le monde, que nous serions ses héritiers, de le voir un beau jour épouser cette jeune femme et tuer d'un coup toutes nos espérances ?
NINA. — Toutes, c'est beaucoup dire. — Hélène n'est ni avide ni ambitieuse, elle ne détournera jamais son mari d'assurer votre fortune.
PIERROT-STRATON. — Mais enfin, supposons qu'elle ne nous fasse pas déshériter : n'est-elle pas venue du moins réduire nos espérances ? ne voyons-nous pas ce vieillard, dans son fol amour, ne reculer devant aucune prodigalité ? Tous les joailliers de la ville cherchent pour lui des perles monstrueuses et des diamants extravagants. Hier, elle avait un patrimoine à chacune de ses oreilles.
NINA. — Rendez-lui la justice de dire qu'elle ne provoque pas ces libéralités, et que, si part quelques bijoux qu'elle aime plutôt à cause du précieux travail de l'artiste que de la richesse de la matière, elle ne se pare guère des somptuosités que Raymond rassemble pour elle.
PIERROT-STRATON. — Lui, le vieux fou ! il parlait hier à un poète, et je disais à Marc : Je parie qu'il marchande une étoile pour la donner à sa femme. Mon Dieu, je le crois encore. Comme vous me le dites, Raymond nous laissera de quoi vivre dans l'aisance ; mais qu'est-ce qu'elle échappera de l'une des plus grandes fortunes de l'Italie qui nous échappera en détail ? Tenez, rien que dans ce grand coffre que cette femme a dans sa chambre, et où elle renferme ses étoffes et ses bijoux, il y a la valeur de deux principautés.
(*Paul et Hélène reviennent. Nina entraîne Pierrot-Straton, et ils disparaissent.*)

SCÈNE VII.

HÉLÈNE. — Et moi aussi, je t'aime ! je t'aime, mais écoute-moi bien ; je t'aime sans restriction. Fortune, famille, réputation, je le sacrifierai tout, s'il le faut ; quand tu l'exigeras, je fuirai ma maison, mon époux, et j'irai où tu me conduiras, dans l'exil, dans la misère, si tu le veux. Mais un tel amour ne meurt pas de vieillesse au bout de quelques jours ; il faut aussi que tu sois tout à moi, que la vie m'appartienne, que tu renonces pour moi à tout le reste du monde, que mon amour soit tout ton bonheur ! Le veux-tu ?
PAUL. — Je le veux !
(*Un magicien entre, Paul et Hélène vont sortir ; il les arrête avec sa baguette.*)

SCÈNE VIII.

LE MAGICIEN-RAMIRE. — Je ne vous retiendrai pas longtemps, vous n'avez pas de temps à perdre, mes beaux amoureux. — D'ailleurs si je vous parlais du passé ou de l'avenir, ils vous intéresseraient médiocrement, toute votre vie est dans l'heure présente, — et le présent, vous le savez encore mieux que moi, quoique je le devine. — Allez donc, profitez de ce moment rapide, — mais cachez votre bonheur, soyez heureux tout bas.
(*Paul et Hélène sortent.*)

SCÈNE IX.

NINA et STRATON, puis MARC-POLICHINELLE.

LE MAGICIEN. — Arrivez près de moi, Pierrot ; voulez-vous que je vous dise si cette belle Grecque vous aime ?

NINA. — Il en sait autant que vous ; je lui ai déjà dit que non. Mais si vous voulez lui dire *sa bonne aventure*, ce n'est pas d'amour qu'il faut lui parler.
LE MAGICIEN. — Est-ce donc un joueur ?
NINA. — Eh quoi ! grand magicien, tu fais des questions ? tu ignores donc quelque chose ? Alors je ne m'adresserai pas à toi pour un souci que j'ai au coin de l'esprit. — Mais je veux bien te dire que tu n'es pas loin de la vérité sur ce Pierrot qui m'accompagne. — Il joue, mais il joue à un jeu auquel il voudrait bien pouvoir tricher.
STRATON *à Nina*. — Promenons-nous encore un peu.
NINA. — Non.
STRATON. — Te reverrai-je ?
NINA. — Tu me reverras, mais sans me reconnaître.
STRATON. — Écoute encore.
NINA. — Si tu veux en savoir davantage, demande à ce magicien ; tes intérêts sont dans l'avenir, ça te regarde. Moi, j'ai bien assez de m'occuper du présent. Adieu. (*Elle sort.*)

SCÈNE X.

RAMIRE *à Marc-Polichinelle*. — Tu n'as guère pris un costume qui te convienne. — A ton air préoccupé et mélancolique, je ne reconnais pas le joyeux compère Polichinelle. — Tu ferais mieux de prendre le casque de carton doré et le manteau rouge des gardes affligés d'Hippolyte, de ces gardes qui imitent en silence autour de lui rangés.
POLICHINELLE. — Laisse-moi tranquille, tu m'ennuies.
RAMIRE. — De mieux en mieux ! Les bossus sont forcés d'avoir de l'esprit, tu vas ôter ta double bosse avant de me répondre ainsi.
POLICHINELLE *à Pierrot*. — Allons d'un autre côté, j'ai à te parler.
RAMIRE. — Ami Pierrot, je te prédis que ce gaillard-là va fort t'ennuyer : ma science ne me trompe jamais. Tu aurais bien mieux fait de ne pas laisser échapper la jolie Grecque que tu avais au bras tout à l'heure. Je vais la chercher pour mon compte.
(*Ils sortent tous trois. Le domino traverse le théâtre, voit Ramire et l'arrête.*)

SCÈNE XI.

LE MAGICIEN. — Laisse-moi, je n'ai rien à t'apprendre ; tu t'ennuies, tu voudrais bien faire partager ton ennui à quelqu'un, je ne suis pas ton homme, j'ai à faire à une certaine Grecque deux ou trois prédictions qu'il dépendra d'elle de réaliser.
LE DOMINO. — Si tu n'as rien à me dire, écoute-moi.
RAMIRE. — Plus tard.
LE DOMINO. — As-tu oublié le 16 octobre ?
RAMIRE. — Tais-toi.
LE DOMINO. — Je ne me tairai pas, et tu m'écouteras.
RAMIRE. — Alors, parle plus bas.
LE DOMINO. — Tu n'as pas oublié cette nuit où, sur un soupçon jaloux, tu as empoisonné ta maîtresse et l'amant qu'elle te préférait ; tu sais qu'un homme t'a sauvé et t'a fait échapper aux vengeances de la justice...
RAMIRE. — Mais je pensais que cet homme seul...
LE DOMINO. — Il faut que cette nuit même tu m'apportes le poison dont tu t'es servi dans la nuit du 16 octobre ; ce poison qui tue par le sommeil, qui ne cause pas de douleur et ne laisse pas de traces.
RAMIRE. — Jamais ! mes nuits sans sommeil ont vite expié mon crime, je n'en commettrai pas un second.
LE DOMINO *ôte son masque*. — Dans une heure, à cette même place ! tu m'entends ?
RAMIRE. — Grand Dieu ! que veut-il faire ? Je serai donc toujours sous la dépendance de cet homme ! Dans cette terrible nuit du 16 octobre, j'étais trahi ! j'étais jaloux, et cependant j'ai eu, j'ai encore des remords, et aujourd'hui... je commettrais un second crime, sans haine, sans passion, contre quelque créature innocente peut-être ? Non, jamais ! (*Il reste seul.*)
Mais il peut me perdre ! — Que se passe-t-il en lui ? — Je croyais que le bonheur avait adouci ce cœur. — ..... Ah ! il me vient une idée ! le ciel qui me l'envoie. (*Il sort.*)
(*Paul et Hélène passent ; Hélène s'appuie tendrement sur Paul, qui la regarde avec ravissement.*)

ACTE DEUXIÈME.

Le théâtre représente la chambre d'Hélène. Hélène est dans son lit, pâle, affaiblie, mourante ; d'épais rideaux de damas empêchent le jour d'entrer dans la chambre. Nina est auprès du lit.

SCÈNE I.

HÉLÈNE. — Nina, Raymond est parti ?
NINA. — Oui, madame. Il va, dit-il, chercher lui-même un célèbre médecin qui demeure à six lieues d'ici.

HÉLÈNE. — Nina, je vais mourir.

NINA. — Ah! madame, ne vous frappez pas l'esprit de pareilles terreurs.

HÉLÈNE. — Le prêtre me l'a dit, Nina; je vais mourir.

NINA. — Souffrez-vous donc beaucoup, madame?

HÉLÈNE. — Non, mais je meurs; mes membres s'engourdissent, mes yeux se ferment malgré moi : je sens que je vais m'endormir pour ne plus me réveiller. Nina, puisque Raymond est parti, il faut que je voie mon amant, que je lui dise adieu. Va le chercher.

NINA. — Ma chère maîtresse, vous avez la fièvre! calmez-vous; ne me donnez pas d'ordres impossibles à accomplir.

HÉLÈNE. — Impossibles! et pourquoi?

NINA. — Votre mari peut rentrer.

HÉLÈNE. — Il serait là, que je dirais que je veux voir Paul avant de mourir. — Ah! la mort délivre de toutes les servitudes! — Je n'ai pu donner toute ma vie à celui que j'aime, je veux au moins lui donner mes derniers instants. — Ah! Nina, j'étais trop heureuse!

NINA. — Mais, chère maîtresse, vous n'êtes pas dans le danger où vous croyez être : bien portante hier et fraîche comme une rose, vous pensez mourir aujourd'hui sans avoir été malade!

HÉLÈNE. — Je te dis que le prêtre m'a avertie : — et d'ailleurs, je sens bien que je vais mourir ; — le ciel nous donne ces avertissements peut-être pour qu'on se repente. — Hélas! je ne puis que regretter, je ne puis me repentir. Va chercher Paul.

NINA. — Mais, madame, si le seigneur Raymond rentre et le trouve ici, il le tuera.

HÉLÈNE. — Eh bien! pourquoi vivrait-il quand je meurs? Ecoute, si tu ne m'obéis pas, je le ferai venir, néanmoins : je vais appeler et charger de mes ordres le premier domestique qui viendra. — J'en chargerai Raymond lui-même; je ne veux pas mourir sans voir celui à qui est ma vie, — je veux que son amour remplisse mes derniers instants.

NINA. — J'y vais, madame; — mais, encore une fois, vous vous trompez, — vous ne mourrez pas, et vous vous perdez. — Etes-vous bien sûre que cet homme mérite tant d'amour?

HÉLÈNE. — Est-ce que ça se mérite, l'amour? — Je l'aime, je vais mourir, je veux le voir. — Mais que dis-tu?... Nina... saurais-tu quelque chose? Me tromperait-il? Ah! parle... parle donc! tu vas me faire mourir désespérée!

NINA. — Non, non, ne doutez pas de lui, il ne pense qu'à vous; il sait que vous êtes malade. Dix fois déjà il a envoyé Antonio, et lui-même ne cesse de rôder devant la porte.

HÉLÈNE. — Va donc le chercher, car, je te le répète, je vais mourir.

(*Nina sort. Une autre femme de chambre la remplace dans la chambre d'Hélène, mais se tient loin du lit.*)

SCÈNE II.

HÉLÈNE. — Oui, je vais mourir, et je suis bien heureuse depuis deux jours. Il vaut mieux mourir au milieu de son bonheur que de mourir après.

(*Nina rentre; elle congédie la femme de chambre et introduit Paul, qui se jette à genoux auprès du lit d'Hélène.*)

PAUL. — Hélène, ma bien-aimée! vous êtes souffrante?

HÉLÈNE. — Je vais mourir, mon cher Paul..... Ne m'interromps pas. — C'est une étrange chose! ce matin j'ai déjeuné avec mon mari; un quart d'heure après, je me suis sentie si faible qu'il m'a fallu me coucher. Depuis ce temps, je ne souffre pas, mais je sens la vie qui s'éteint. — Mon mari est allé chercher son médecin loin d'ici, — le seul, a-t-il dit, dans lequel il ait de la confiance. — Pendant ce temps, il m'a envoyé un prêtre. Ce prêtre m'a dit que j'allais mourir... Il voulait me confesser, je n'ai pas voulu; il m'aurait défendu de te voir. — Quand nous devrons nous séparer, si mon mari arrive, — alors, si je vis encore, on appellera le prêtre. — Vois-tu, Paul, ces quelques instants que je prends pour te dire adieu, je le payerai peut-être de ma damnation éternelle! — Mais si j'avais dû mourir sans te voir, je serais morte en blasphémant.

PAUL. — Non, tu ne mourras pas; et si tu meurs, je ne veux pas te survivre.

HÉLÈNE. — Ah! si c'était vrai! moi, je sais bien que je ne t'aurais pas survécu ; mais toi...

PAUL. — Je te le jure par le ciel, par notre amour! si tu meurs, je mourrai.

HÉLÈNE. — Oh! non , tu es jeune, tu es libre, tu ne dois pas mourir; tu m'oublieras, tu en aimeras une autre! Une autre!...

PAUL. — Veux-tu que je te précède dans la tombe? veux-tu mon épée...

HÉLÈNE. — Tu m'aimes donc bien?

PAUL. — Mais que ferais-je sans toi dans la vie?

HÉLÈNE. — Si tu m'aimes comme je t'aime, c'est vrai. Eh bien oui, meurs aussitôt que je serai morte; je le veux bien. Dieu aura pitié de nous ; il nous réunira dans sa miséricorde, ou peut-être dans sa vengeance; mais enfin nous serons réunis, c'est l'important. Tu ne me survivras donc pas?

SCÈNE III.

ANTONIO. — Nina, je viens vous avertir de deux choses : la première, c'est que le seigneur Straton rôde autour de cette chambre; la seconde, c'est que Raymond arrive à cheval au bout de la rue.

NINA *à Paul.* — Ciel! sauvez-vous.

HÉLÈNE. — Donc, mon bien-aimé, — au revoir. — Oh! je n'ai plus peur de mourir. — La mort, c'est un rendez-vous; je vais t'attendre.

ANTONIO. — Il n'y a pas moyen qu'il se sauve, Straton est devant la porte.

NINA. — Morte ou vivante, il ne faut pas qu'elle soit déshonorée. Il faut vous cacher! — Mais où? — Ah! dans ce coffre.

ANTONIO. — On marche.

(*Paul se blottit dans le coffre, dont Nina retire des robes et de riches étoffes pour lui faire de la place; — puis elle l'enferme, et met la clef dans sa poche.*)

ANTONIO. — Attendez, Nina, vous le feriez étouffer. (*Avec son poignard il fait un trou dans le coffre.*) Il faut lui donner un peu d'air.

NINA. — Et vous, Antonio?

ANTONIO. — Expliquez ma présence comme vous pourrez. Le maître de la maison entre.

SCÈNE IV.

(*Entre Raymond. Il jette autour de la chambre un regard inquiet.*)

RAYMOND *à Nina.* — Quel est cet homme?

NINA. — Le domestique d'un de nos voisins qui venait chercher des nouvelles de madame et qui a eu l'obligeance de monter ici quelques objets trop lourds pour moi.

(*Antonio salue, et sort en faisant signe à Nina de surveiller le coffre.*)

SCÈNE V.

RAYMOND *à part.* — Straton s'était donc trompé! il n'y a personne. (*A Nina.*) Comment va-t-elle?

NINA. — Elle est un peu assoupie. Elle dit qu'elle se sent mourir.

RAYMOND. — C'est vrai, elle va mourir!

NINA. — Ah! ne parlez pas ainsi, monsieur.

RAYMOND. — Sortez. — Oui, elle va mourir! Qu'elle est encore belle! quel terrible poison! pas de douleurs, pas de traces! Ramire ne m'a pas trompé. Oui, elle va mourir, je vais rester seul, mais vengé! Je cherche dans mon cœur et je n'y trouve pas de regrets. Ah! si : par moments je regrette qu'elle ne souffre pas. Je souffre tant, moi! je l'aimais tant! Mais que me disait donc Straton, que son amant était ici? Ah! je l'aurais tué devant elle. Elle meurt, elle se croit aimée, regrettée, elle ne souffre pas tant que moi! (*Il s'approche du lit.*) Hélène, vous dormez?

HÉLÈNE. — Non, je meurs. — Mes membres sont morts, mes idées s'éteignent. — On ne peut donc pas me sauver?

RAYMOND. — Vous n'êtes pas aussi mal que vous le croyez ; je vais venir un habile médecin, que je suis allé chercher. — Vous vivrez, vous aurez une longue vie encore de plaisirs, de fêtes et d'amour.

HÉLÈNE. — Oh! ne me trompez pas, je sais ce que le prêtre m'a dit, et je suis aussi ce que je sens. (*A part.*) Il ne me survivra pas, — il va venir me rejoindre dans la mort!

RAYMOND. — Folies! Vous vivrez; et je gage que vous danserez, d'ici à quinze jours, à la noce d'un de nos voisins qui était hier ici, et qui ne peut manquer de nous inviter. — Ce sera un beau mariage et un beau couple. — La fiancée a dix-huit ans et est charmante. — L'époux est charmant. — Quel âge peut-il avoir? Quel âge peut avoir M. Paul?

HÉLÈNE *comme réveillée en sursaut.* — Paul! qui parle de Paul?

RAYMOND. — Moi. Je vous dis qu'il se marie dans quinze jours, et j'espère bien que nous danserons à sa noce.

HÉLÈNE. — Se marier! Paul! dans quinze jours! (*A part.*) Je sais où il sera dans quinze jours : au ciel ou dans l'enfer avec moi.

RAYMOND. — Lui-même. C'est son oncle qui vient de me le dire : il épouse cette charmante Isabelle que vous connaissez. — Il a fait quelques façons, dit l'oncle ; il avait une amourette, une intrigue, une femme mariée, — mais il a compris que ces choses-là ne durent pas. — Et d'ailleurs, il n'a pu voir Isabelle sans en devenir amoureux.

HÉLÈNE *se relevant sur un coude.* — Ecoutez, Raymond ; vous m'avez aimée, je le sais. Je vais mourir, ne me trompez pas. — Au nom de l'affection que vous avez eue pour moi, au nom de notre salut éternel, au nom de ma mort, dites-moi la vérité. Est-il vrai que Paul Vermondi va épouser Isabelle?

RAYMOND. — Rien n'est plus vrai. Mais quelle importance cela a-t-il?

HÉLÈNE. — Vous ne voudriez pas, vous n'oseriez pas tromper une femme mourante. Oui ou non, Paul épouse-t-il Isabelle?

RAYMOND. — Je vous le jure par mon amour pour vous.

HÉLÈNE. — Ah!
(*Raymond monte dans la chambre et paraît chercher quelqu'un ou quelque chose, ou du moins quelques traces. Pendant ce temps, Hélène est en proie à la fièvre du délire.*)

SCÈNE VI.

HÉLÈNE *dans son délire.* — Ah! il se marie! il attend que je sois morte! Il me disait de l'attendre là-haut ou là-bas, et je l'attendrai toujours pendant... toute l'éternité. Horrible trahison!... Eh bien! non, il ne l'épousera pas!... Eh bien! non; il ne manquera pas au rendez-vous! il y viendra!... il y viendra en même temps que moi!
(*Raymond rentre dans la chambre.*)
HÉLÈNE. — Raymond, écoutez-moi : j'ai en ce moment un accès de force, mais, après cet accès, je vais mourir; écoutez-moi bien. Vous m'avez aimée, vous m'avez donné votre nom, vous m'avez entourée d'affection; si je n'ai pas répondu comme vous l'espériez à ce que vous avez fait pour moi, pardonnez-moi. Je meurs... à vingt-deux ans... je meurs malheureuse, désespérée. Dites si vous me pardonnez, et si vous tiendrez une promesse que je vais vous demander.
RAYMOND. — Vous pardonner? Et quoi donc, ma belle, ma chère, ma fidèle épouse? — (*A part*). Ce coffre, ce trou qu'on y a fait! Straton avait raison! — Que voulez-vous que je vous promette?
HÉLÈNE. — Écoutez : si vous ne teniez pas la promesse que je vais vous demander, — songez que je vais mourir, — que vous seriez puni. — Ah! je donnerais mon paradis en échange de votre punition. — Eh bien! — aussitôt que je serai morte, — je veux qu'on enterre avec moi ce coffre où j'ai renfermé tous vos présents, — tout ce que j'ai de précieux. — Je ne veux pas que rien de cela appartienne jamais à une autre femme.
RAYMOND *se levant exalté.* — Ah! cela, je vous le promets. — Je vous le jure sur ma damnation éternelle! Oui, si vous mourez, ce coffre sera enterré avec vous.
HÉLÈNE. — On ne l'ouvrira pas.
RAYMOND. — Soyez tranquille, on ne l'ouvrira pas.
HÉLÈNE. — Ah! comme vous dites cela! Vous savez donc!
RAYMOND. — Oui, je sais tout!
HÉLÈNE. — Alors, vous tiendrez cette promesse?
RAYMOND. Je le jure... à vous et à Dieu!
HÉLÈNE. — Ah! je meurs! (*Elle retombe sans mouvement.*)
RAYMOND. — Est-elle donc morte? (*Il met la main sur le cœur d'Hélène.*) Non... pas encore. Quelle étrange passion que la vengeance! Cette haine, faite d'amour aigri, elle vaut l'amour; je ne la changerais pas contre de l'amour. Ah! oui, je la tiendrai, ma promesse!
HÉLÈNE. (*Elle revient à elle, mais le paroxysme de fièvre est passé; elle regarde autour d'elle avec étonnement.*) — Où suis-je?... Je ne suis donc pas encore morte?... Non!... Oh! mon Dieu! je me rappelle, Raymond, Raymond, ce n'est pas vrai... ne le faites plus, c'est un crime affreux... Dites-moi que vous ne le ferez pas... Enterré vivant!
(*Hélène retombe sur son lit et reste étendue.*)
RAYMOND. (*Il met la main sur le cœur d'Hélène.*) — Cette fois elle est morte. A l'autre, maintenant; à celui qui m'a fait le mal, qui m'a enlevé tout le bonheur de ma vie. Holà! quelqu'un? Appelez, Nina, appelez mes neveux, que tout le monde entre.
(*Entrent Nina, Marc, Straton et plusieurs domestiques.*)

SCÈNE VII.

RAYMOND. — Hélène est morte, morte à vingt-deux ans. Elle a exprimé une dernière volonté, qui sera respectée. Elle veut qu'un coffre où elle a renfermé ce qu'elle avait de plus précieux soit enterré avec elle sans être ouvert. Elle sera obéie. Jusqu'au moment de l'inhumation, je ne quitterai pas cette chambre; je ne veux, je ne dois confier qu'à moi-même l'exécution de la dernière volonté de ma chère morte. Vous, mes neveux, faites tout préparer pour la cérémonie funéraire, et hâtez-la. Et vous autres, priez pour celle que nous avons perdue.
(*Nina éperdue, les mains levées au ciel, s'échappe en courant.*)
STRATON. — Mon oncle...
RAYMOND. — Que personne ne me parle!
STRATON. — Mais, mon oncle, ce coffre...
RAYMOND. — Ah! ah! je comprends... Mais soyez sans crainte : il vous restera encore assez de mes richesses. Ames viles et mercenaires, n'augmentez pas le dégoût que vous m'inspirez, et exécutez mes ordres. Laissez-moi!
(*Raymond tombe assis sur un sofa, met sa tête dans ses deux mains; des sanglots s'échappent de sa poitrine.*)

SCÈNE VIII.

Changement. — Le théâtre représente le jardin. — Il fait nuit. — Straton et Marc sont seuls.

MARC. — C'est un peu avant le jour, c'est-à-dire dans une heure, qu'on viendra enlever le corps.
STRATON. — Et le coffre?
MARC. — Quelle folie! il y a dedans pour un million de diamants et de pierreries de toutes sortes.
STRATON. — Avoir passé toute notre jeunesse dans l'esclavage de ce tyrannique vieillard, et nous voir ainsi dépouillés, ruinés par ses folles prodigalités!
MARC. — C'est dur de voir enterrer ce coffre; mais nous n'en serons pas moins comptés parmi les plus riches de la ville, et nous rendrons à qui nous voudrons les mépris et les humiliations que nous avons reçus.
STRATON. — Et que nous ne recevrons pas longtemps à présent. Raymond ne survivra pas beaucoup à sa femme : nous ne tarderons pas à le pleurer.
(*Entre Ramire.*)

SCÈNE IX.

MARC. — Qui va là?
RAMIRE. — Où est Raymond?
STRATON. — On ne peut lui parler.
RAMIRE. — Il faut cependant que je le voie.
MARC. — Impossible.
RAMIRE. — Qu'est-ce qu'on me dit, qu'Hélène est morte?
MARC. — On vous a dit vrai, nous l'avons perdue il y a deux heures.
STRATON. — La cérémonie est pour demain.
RAMIRE. — Il faut que je parle à Raymond, que je lui parle tout de suite. (*Il veut sortir, Straton et Marc l'arrêtent avec violence.*)
RAMIRE. — Mais il s'agit d'empêcher un malheur, un crime affreux.
STRATON. — Vous ne passerez pas.
RAMIRE. — Ecoutez : Hélène, qu'on croit morte, n'est qu'endormie.
MARC. — Vous rêvez, elle est parfaitement morte.
RAMIRE. — Je vous dis qu'elle n'est pas morte, et qu'il faut que je parle à Raymond. (*Il veut encore forcer le passage, il en est empêché par Marc et par Straton.*)
RAMIRE. — Ah! votre oncle punira votre conduite! Hélène n'est pas morte, c'est moi qui ai donné le poison, et ce n'est pas du poison, ce n'est qu'un narcotique; elle dort, on l'enterrerait vivante!
STRATON *à son frère.* — Que dit-il?
MARC. — Diable! et notre héritage?
STRATON. — Retardé d'abord et perdu ensuite.
RAMIRE. — Ainsi vous voyez bien qu'il faut que je voie Raymond!
STRATON. — Nous ne le laisserons pas déranger par un fou.
RAMIRE. — Mais vous voulez donc que cette malheureuse femme soit enterrée toute vive! Ah! je cours tout dire au magistrat... Je me perds, mais je ne serai pas complice de cet horrible forfait.
MARC *à son frère.* — Hein?
STRATON. — Oui... il le faut.

(*Marc poignarde Ramire.*)

RAMIRE *mourant.* — Raymond! Raymond! ta femme n'est pas morte!... tu vas l'enterrer vivante!... Raymond, à l'assassin!... je meurs!...

SCÈNE X.

RAYMOND *entre en courant.* — Que se passe-t-il? J'ai entendu la voix de Ramire.
MARC. — Nous sommes perdus!
STRATON. — Non, pourvu que tu te taises.
RAYMOND. — Ce corps... mais c'est un cadavre, c'est Ramire!
STRATON. — C'est moi qui l'ai tué, mon oncle; — il criait d'horribles calomnies, et voulait aller prévenir un magistrat que ma tante Hélène était morte empoisonnée... par vous.
RAYMOND. — C'est bien, — faites disparaître ce corps avant le jour.
MARC. — Mon oncle, la cérémonie aura lieu aux premières lueurs du jour et on va les voir paraître.
RAYMOND. — Tant mieux, il est temps que tout cela finisse; ma tête va éclater, mon cœur est mort depuis hier.
(*On entend les cloches de l'enterrement.*)

ACTE TROISIÈME.

Le théâtre représente le caveau mortuaire de la famille Raymond. — On y a déposé le cercueil d'Hélène et le coffre où est renfermé Paul. — Des maçons sont occupés à sceller l'ouverture de ce caveau, qui n'occupe qu'une partie de la scène; de façon que le spectateur voit le dedans et le dehors. — Raymond se promène au dehors, de long en large.

SCÈNE I.

PREMIER MAÇON. — Dépêchons-nous pour finir avant la nuit.
DEUXIÈME MAÇON. — Voilà de l'ouvrage bien payé; mais on pourra dire aussi que ce sera de l'ouvrage bien fait : chaux et ciment, ce sera solide comme un roc.

PREMIER MAÇON. — On n'enferme pas aussi bien les prisonniers, et pourtant ils ont plus envie de se sauver que la pauvre femme qui est là dedans.

DEUXIÈME MAÇON. — Pauvre femme! dis-tu. On prétend qu'elle garde avec elle, dans la tombe, des pierreries de quoi faire la fortune de cinquante familles.

PREMIER MAÇON. — M'est avis qu'elle aurait mieux fait, pour son salut éternel, de faire distribuer aux pauvres ces immenses richesses, que de les faire ainsi enterrer avec elle.

DEUXIÈME MAÇON. — Qui sait si on lui a bien obéi, et si on n'a pas un peu allégé ce coffre avant de l'apporter ici?

PREMIER MAÇON. — Je gagerais que non : la douleur de Raymond est trop vraie et trop profonde, pour qu'il ait voulu ainsi la tricher. Il a voulu qu'on respectât religieusement les volontés de sa femme, et il a fait apporter ce coffre devant lui. Le voilà qui se promène pendant que nous travaillons, et il ne quittera la place que lorsque nous aurons fini.

DEUXIÈME MAÇON. — On doit, dit-on, mettre une sentinelle pendant la nuit. Au bout de vingt-quatre heures, ce ciment sera endurci de façon à ébrécher le fer et l'acier.

PREMIER MAÇON. — Comme il est changé depuis vingt-quatre heures! Ses cheveux et sa barbe, qui n'étaient que grisonnants, sont devenus blancs comme la neige depuis hier. Qui aurait cru que l'amour eût tant de puissance sur le cœur d'un vieillard?

DEUXIÈME MAÇON. — Il y a dans ce même cimetière la tombe d'un autre vieillard qui est mort de douleur de la perte de sa maîtresse; sur cette tombe on a écrit deux lignes :

Des chaînes de l'amour, non, rien ne nous délivre!
Jeune, on vit pour aimer; vieux, on aime pour vivre.

SCÈNE II.

RAYMOND. — Hâtez-vous, le jour est près de sa fin. (Au premier maçon.) Ainsi que nous en sommes convenus, vous passerez la nuit ici. — Vous serez armé. (Il s'éloigne.)

SCÈNE III.

DEUXIÈME MAÇON. — Tu n'es pas plus sournois que ça, toi? — Tu ne me disais pas que c'était toi qui devais monter la garde cette nuit? (A Raymond qui revient.) Monsieur Raymond, votre neveu Straton m'avait donné l'ordre de passer la nuit devant ce monument.

RAYMOND. — Eh bien! vous veillerez tous les deux. (Il s'éloigne.)

SCÈNE IV.

PREMIER MAÇON. — Tu n'es pas mal dissimulé non plus. — Je vais aller gâcher de la chaux, celle-ci se durcit.

DEUXIÈME MAÇON. — Non, j'y vais moi-même.

PREMIER MAÇON. — Puisque le fé du c'est moi. — Allons! le voilà parti. — Comment faire? — Ah! bah! je vais renverser celle qu'il apportera, et j'irai en faire d'autre.

SCÈNE V.

RAYMOND. — Vous êtes sûr que, dans l'espace de vingt-quatre heures, ce ciment aura durci?

PREMIER MAÇON. — Si bien qu'il sera plus dur que les pierres qu'il scelle.

RAYMOND. — Avez-vous bientôt fini?

PREMIER MAÇON. — Nous allons sceller la dernière pierre aussitôt que mon camarade aura apporté la chaux qu'il est allé gâcher. Pour la solidité de l'ouvrage, il n'en faut pas faire beaucoup à la fois.

(Le deuxième maçon revient, pose la chaux à terre, et s'éloigne.)

SCÈNE VI.

PREMIER MAÇON à part. — Quelle chose singulière! ce n'est pas de la chaux, c'est du plâtre. D'où vient qu'il a fait lui-même ce que je voulais faire? Il n'y a plus besoin de renverser l'auge. Voilà un hasard que je ne comprends pas.

SCÈNE VII.

RAYMOND. — Eh bien?
DEUXIÈME MAÇON. — C'est fini. Je suis allé chercher mon fusil pour la nuit.
PREMIER MAÇON. — Je vais aller chercher le mien et apporter de quoi souper.
RAYMOND. — Enfin! (Il s'éloigne.)

SCÈNE VIII.

DEUXIÈME MAÇON. — C'est bien étonnant qu'il ne se soit pas aperçu que j'avais mis du plâtre en place de chaux pour sceller la dernière pierre. Seulement ça n'est pas commode qu'il passe la nuit avec moi. Si je pouvais voir M. Straton, il trouverait quelque moyen... Peut-être en trouverai-je un moi-même.

SCÈNE IX.

PREMIER MAÇON. — Voilà mon fusil pour les autres, — et mon souper pour moi.

DEUXIÈME MAÇON. — Je suis sûr que tu m'en offriras la moitié quand tu verras cette bouteille de vin que j'ai cachée sous le chèvrefeuille qui ombrage cette tombe.

PREMIER MAÇON. — Asseyons-nous.

(Ils s'asseyent, mangent et boivent en causant.)

DEUXIÈME MAÇON. — La nuit ne sera pas chaude.
PREMIER MAÇON. — J'ai une bonne veste.
DEUXIÈME MAÇON. — Qui, mais tu tousses depuis quelques jours.
PREMIER MAÇON. — C'est un restant de rhume.
DEUXIÈME MAÇON. — Ce n'est pas bien bon pour le rhume, de passer une nuit d'automne à la belle étoile.
PREMIER MAÇON. — On m'a toujours dit qu'un rhume qu'on ne soigne pas dure trois semaines, et qu'un rhume qu'on soigne en dure six.
DEUXIÈME MAÇON. — Tu as tort, tu n'as pas la poitrine bien forte.
PREMIER MAÇON. — Il faut bien gagner sa vie, dût-on en mourir.
DEUXIÈME MAÇON. — Ce que je t'en dis, c'est par amitié; — tu pourrais bien aller te coucher, et je monterais seul notre garde.
PREMIER MAÇON. — Merci. — Nous verrons un peu plus tard. (A part.) Comment faire pour le renvoyer lui-même?
DEUXIÈME MAÇON à part. — Il ne s'en ira pas.
PREMIER MAÇON. — A la santé des morts!
DEUXIÈME MAÇON. — Chut! — ne plaisantons pas ici.
PREMIER MAÇON à part. — Ah! il a peur des morts, c'est peut-être un moyen...
DEUXIÈME MAÇON. — Sais-tu ce qu'on m'a dit quand je suis allé chercher mon fusil, pendant que tu scellais la dernière pierre? On m'a dit que Raymond partait cette nuit, quittait le pays, donnait tout son bien aux pauvres, — sauf un legs honnête à ses deux neveux, — et allait loin d'ici s'enfermer dans un couvent.
PREMIER MAÇON. — N'entends-tu pas du bruit?
DEUXIÈME MAÇON. — Non... Et toi, est-ce que tu entends quelque chose?
PREMIER MAÇON. — Il m'avait semblé entendre un soupir... Mais je me serai trompé : — c'est sans doute le vent dans les feuilles.
DEUXIÈME MAÇON. — Tu te seras trompé. — Décidément il ne fait pas chaud. — Crois-moi; ne joue pas avec ta santé; — bois un dernier verre de vin, et va tranquillement te coucher. — Pourvu que tu reviennes un peu avant le jour, tu seras récompensé comme si tu avais passé la nuit — et tu me payeras à boire pour ma peine... Bonsoir.
PREMIER MAÇON à part. — Oui, attends... va... (Haut.) Décidément, j'entends soupirer.
DEUXIÈME MAÇON. — Ne me dis donc pas des choses comme ça!
PREMIER MAÇON. — Mais tu t'attends bien sans doute à voir quelque chose?
DEUXIÈME MAÇON. — J'espère bien que non... Partout ailleurs je vaux un autre homme, mais dans un cimetière...
PREMIER MAÇON. — Le jour il n'y a pas de danger; mais, si le jour appartient aux vivants, la nuit appartient aux morts, ils aiment à se promener dans ces jardins qu'on plante sur leurs tombes... Tiens, regarde là-bas.
DEUXIÈME MAÇON tremblant. — Où?
PREMIER MAÇON. — Derrière ce saule pleureur, une grande forme blanche!
DEUXIÈME MAÇON. — Sur une tombe?
PREMIER MAÇON. — Oui... Si les tombes marchaient...
DEUXIÈME MAÇON. — En effet, il me semble...
PREMIER MAÇON. — Tu en verras bien d'autres cette nuit! Il m'a dit, — le fossoyeur d'ici, — que parfois les jeunes filles mortes sans avoir été mariées, couronnées de fleurs d'oranger, viennent danser au clair de la lune. — Voici précisément la pleine lune qui se lève. — Il faut les éviter, parce qu'elles vous font fournir jusqu'à ce que vous tombiez mort, où vous étouffent en valsant. — Tu dis donc que je vais aller me coucher, et que...
DEUXIÈME MAÇON. — Oui... c'est-à-dire... je voudrais... Cependant, oui, va te coucher, mais laisse-moi ton fusil avec le mien.
PREMIER MAÇON. — Non, je reste, tu aurais peur.
DEUXIÈME MAÇON. — Non, pas trop; mais, corps ou ombre, je tire. Ainsi, va-t'en.
PREMIER MAÇON. — Non, c'était une plaisanterie, je reste. Va plutôt te coucher, toi, si tu as peur.
DEUXIÈME MAÇON. — Non, je reste aussi.
PREMIER MAÇON. — Eh bien! si tu veux t'en aller, je te donnerai une pistole.

DEUXIÈME MAÇON. — Moi je t'en donnerai deux si tu pars.

(*Tous deux se promènent quelques instants sans rien dire; puis ils se retournent en face l'un de l'autre.*)

PREMIER MAÇON *armant son fusil.* — Va-t'en, ou je te tue.

DEUXIÈME MAÇON *armant le sien.* — J'ai un peu peur des morts, mais pas du tout des vivants.

(*Ils s'éloignent encore l'un de l'autre, et reviennent.*)

PREMIER MAÇON. — Il y a quelqu'un qui te paye?

DEUXIÈME MAÇON. — Oui, et toi aussi.

PREMIER MAÇON. — Eh bien! expliquons-nous, ça vaut mieux. — Une nommée Nina, servante de la morte, me donne dix pistoles pour la laisser entrer cette nuit dans la tombe de sa maîtresse ; c'est, dit-elle, un ordre qu'elle lui a donné en mourant.

DEUXIÈME MAÇON. — Ah! c'est pour ça que tu n'as pas vu que j'avais gâché du plâtre au lieu de chaux. — Nina te donne dix pistoles, et moi Straton m'en donne vingt pour la même complaisance.

PREMIER MAÇON. — C'est pour ça que tu as fait semblant de ne pas reconnaître le plâtre d'avec la chaux en gâchant. — Comment faire ?

DEUXIÈME MAÇON. — Gagner les trente pistoles et les partager fraternellement.

PREMIER MAÇON. — Mais Nina et Straton comptent-ils se rencontrer?

DEUXIÈME MAÇON. — Qu'est-ce que Nina t'a dit? Qu'elle était amenée par une bonne intention? Straton m'a assuré de son côté qu'il s'agissait de quelque soin pieux.

PREMIER MAÇON. — Le crois-tu?

DEUXIÈME MAÇON. — Non, et toi?

PREMIER MAÇON. — Je fais semblant de le croire, et tu seras sage de faire comme moi. — Si leur projet est criminel... nous le verrons bien... et...

DEUXIÈME MAÇON. — Nous les arrêterons?

PREMIER MAÇON. — Non... Ça sera plus cher.

DEUXIÈME MAÇON. — On vient...

PREMIER MAÇON. — N'aie pas peur, c'est ton monde, — c'est Straton, — mais il n'est pas seul.

DEUXIÈME MAÇON. — Nina serait-elle avec lui ?

PREMIER MAÇON. — Non, c'est son frère.

SCÈNE X.

STRATON *au deuxième maçon.* — Pourquoi n'es-tu pas seul ?

DEUXIÈME MAÇON. — Vous n'êtes pas seul non plus. — Mais, soyez tranquille, nous sommes d'accord. — C'est votre oncle qui m'a adjoint mon camarade.

(*Les deux maçons descellent la dernière pierre qu'ils ont posée.*)

STRATON. — Éloignez-vous tous les deux, mais à vingt pas seulement; j'aurai sans doute besoin de vous. Voici les vingt pistoles, j'en ajouterai autant en nous quittant.

(*Straton et Marc entrent dans le tombeau par l'ouverture que laisse la pierre descellée.*)

DEUXIÈME MAÇON. — Ça sera quarante pistoles, et les dix de Nina cinquante.

PREMIER MAÇON. — Oui; mais, si elle vient pour la même chose qu'eux, elle les gênera, et alors adieu les vingt pistoles!

DEUXIÈME MAÇON. — Si nous ne la laissions pas entrer ?

PREMIER MAÇON. — C'est plus prudent. Prêtons attention pour aller au-devant d'elle.

(*Ils s'éloignent.*)

SCÈNE XI.

STRATON et MARC *dans le tombeau. Ils ont allumé une bougie.*

MARC. — Sais-tu que c'est terrible, ce que disait le médecin ? Une femme enterrée vivante !

STRATON. — Il y aurait quelque chose de plus terrible, ce serait de la voir vivante et hors d'ici : nous n'aurions pas un sou.

MARC. — C'est égal, dépêchons-nous. As-tu apporté le sac pour vider le coffre?

STRATON. — Oui. As-tu le ciseau ?

MARC. — Le voici. (*Marc essaye de forcer le coffre, mais il n'y peut réussir.*)

STRATON. — Tu trembles, — donne-moi cela.

(*La serrure cède et se brise.* — *Straton lève le couvercle.* — *Marc retire et jette des étoffes.* — *Paul se dresse.* — *Marc jette un cri d'épouvante et tombe.* — *Les deux maçons se présentent à la brèche.*)

STRATON. — Grand Dieu ! les morts sortent des tombeaux ! (*Il entraîne Marc demi-mort de peur. Les maçons se sont déjà enfuis.*)

SCÈNE XII.

Paul *dans le tombeau.* — Il regarde autour de lui, porte plusieurs fois la main sur ses yeux et sort du coffre.

A quelle horrible mort j'étais condamné! Et c'est elle !... Ah ! elle me croyait traître et parjure! Et d'ailleurs, en mourant, elle suppliait Raymond de ne pas exécuter l'ordre qu'elle avait donné dans le délire de la fièvre et du désespoir. J'échappe à cette épouvantable agonie, mais je ne veux pas échapper à la mort ; — je tiendrai mon serment, — j'irai la rejoindre là où elle m'attend déjà, et où elle doit trouver que je suis bien lent à venir. — Ah ! chère morte, ce n'est pas seulement pour tenir mon serment que je veux mourir ! — Que ferais-je ici-bas sans toi ? — Tu étais mon bonheur et ma vie ; — mais ce que je souffrais là dedans est au-dessus du courage et de la force de l'homme : — ce poignard sera plus prompt, et j'aime mieux une mort volontaire, pour te rejoindre, — ô chère moitié de mon âme ! — Elle est là, là ! dans cette froide bière. Pourquoi n'a-t-on pas pu nous mettre dans le même cercueil ? Comment ! elle est là, cette femme si belle ! — Je veux mourir en embrassant son cercueil. (*Il tire son poignard.*) Mais, pourquoi non? je veux la voir encore une fois ; je veux mourir plus près d'elle.

(*Paul veut disjoindre avec son poignard les planches du cercueil, puis il s'arrête.*)

Il ne faut pas que je brise ce poignard, j'en vais avoir besoin tout à l'heure. Ah ! ces deux scélérats ont laissé un outil.

(*Il prend le ciseau apporté par Marc.* — *Les planches du cercueil tombent une à une, puis on voit le corps d'Hélène vêtu de blanc.*)

O doux et charmant visage ! quel calme et quelle sérénité elle a gardés dans la mort ! Oh ! en exhalant le dernier soupir, elle ne doutait plus de moi, elle savait qu'elle allait m'attendre ; elle était sûre que je ne manquerais pas à ce dernier, à cet éternel rendez-vous. Sans cela, elle n'aurait pas cet aspect d'un sommeil paisible. — Pardonne, chère âme envolée, les regrets que je donne à ce corps charmant qui reste ici. — Allons, elle m'attend.

(*Il s'agenouille près du cercueil; il contemple encore Hélène, il baise une de ses mains, il s'appuie sur le cercueil, et pose le poignard sur son cœur à lui.*)

Hélène, Hélène, me voici !

(*A ce moment entrent par la brèche Nina et Antonio.* — *Nina recule, Antonio avance.*)

SCÈNE XIII.

ANTONIO. — Ah ! mon cher maître, vous êtes encore vivant !

NINA. — Et elle..... elle est morte ! (*Elle s'agenouille auprès du cercueil.*)

ANTONIO. — Nina était au désespoir ; elle n'osait déclarer à Raymond que vous étiez dans ce coffre, il vous aurait tué ! — Moi, on m'avait enlevé et mis à bord d'un navire qui sortait du port ; mais ce navire a été obligé de rentrer à cause du vent contraire, je me suis échappé. Nina avait déjà pris les moyens de venir vous délivrer, s'il en était temps encore, des horribles tortures auxquelles vous étiez condamné. — Heureusement...

PAUL *à Nina.* — Voyez, voyez comme elle est encore belle ! — Mes amis, je vous remercie de votre dévouement ; mais il faut que je meure. — J'ai promis à Hélène de la rejoindre. Et d'ailleurs que ferais-je sans elle, sans cette chère âme ? Pourquoi traînerais-je mon corps à travers le monde ?

ANTONIO. — Ah ! monsieur !

PAUL. — Ne me dites rien ; vous voyez que je ne suis ni désespéré, ni même exalté. Je vais quitter la vie comme on quitte un logis malsain et délabré, — surtout quand on va en retrouver un... où est Hélène. Retirez-vous tous les deux ; laissez-moi seul avec Hélène ; puis revenez dans une demi-heure ; vous nous enterrerez tous deux ensemble.

NINA *criant.* — Ah ! mon Dieu !

ANTONIO. — Qu'est-ce ?

NINA. — Mais, non, c'est une illusion, une cruelle illusion !

PAUL. — Que dites-vous ?

NINA. — Mais non, je ne me trompe pas ! ce visage si pâle a repris un peu de coloris, cette poitrine se soulève, Hélène n'est pas morte !

PAUL. — Silence ! elle vient me rappeler mon serment.

NINA. — Silence à votre tour ! Éloignez-vous un peu ; je vous dis qu'elle n'est pas morte, elle respire ! Tenez (*elle porte la main de Paul sur la poitrine d'Hélène*), sentez-vous son cœur ?

PAUL. — Il bat.

NINA. — Écartez-vous ; que son premier regard ne vous voie pas ; ce serait une émotion trop forte.

(*Nina coupe rapidement les vêtements d'Hélène, puis elle lui fait respirer un flacon qu'elle avait apporté pour Paul. Hélène se réveille et promène autour de ses yeux égarés.*)

SCÈNE XIV.

HÉLÈNE. — Où est Paul ? Il n'est pas encore arrivé ! Je ne croyais pas le ciel aussi sombre. Mais je ne suis peut-être pas dans le ciel. Peu importe, pourvu que Paul y vienne ! — Ah ! mon Dieu ! je me rappelle... Pourvu que ce soit ma dernière prière qu'on ait exaucée ! Je me souviens du délire qui a précédé ma mort et de ce que j'ai demandé à Raymond quand je croyais que Paul me trahissait... Oh ! on n'aura pas obéi à cet ordre cruel et insensé ! D'ailleurs je l'ai révoqué, je l'ai maudit, cet ordre. Mais si Paul... s'il me trompait ! Si c'était vrai, ce mariage ! s'il ne venait pas ! Eh bien ! je l'attendrai. Dans l'immortalité, on peut bien attendre la fin naturelle de la vie d'un homme.

NINA *à voix basse.* — Ma chère maîtresse !

HÉLÈNE. — Eh bien ! oui, j'attendrai... S'il en aime une autre, j'attendrai la fin de ce bonheur éphémère ; même si mon âme peut s'occuper encore des choses de la terre, je veillerai sur lui...

NINA. — Ma chère maîtresse !

HÉLÈNE. — Eh quoi ! Nina ? elle est donc morte aussi ? et elle est arrivée avant lui ? — Mais où suis-je ?... ce caveau... ces planches... ce cercueil... C'est mon cercueil !... je suis enterrée !... ah !

(*Elle tombe évanouie dans les bras de Paul et de Nina. — On lui fait encore respirer le flacon. — On lui frotte les tempes avec la liqueur qu'il contient. — Hélène rouvre les yeux.*)

HÉLÈNE. — Paul ! Paul !... Vivants... vivants tous les deux ! Nina ! Antonio ! Mais, dites-moi vite... Je vais devenir folle... je veux savoir... je veux comprendre... car j'étais morte.

PAUL *aux genoux d'Hélène et les tenant embrassés.* — Oui, tu vis, chère Hélène ! cher ange ! tu vis pour mon bonheur ! tu vis, puisque je vis. Quand je t'ai crue morte, j'allais te rejoindre. Tu es morte pour tout le monde, mais tu vis pour moi, pour moi seul, pour moi qui t'adore et qui ne vis que pour toi et par toi !

HÉLÈNE. — Mais... ce cercueil !...

NINA. — On vous dira tout, chère maîtresse. Remercions Dieu d'abord, et ensuite fuyons d'ici.

PAUL. — Mais où aller ?

ANTONIO. — Ce navire qui m'avait emmené et qui est rentré dans le port, il partira dans trois heures ; allons nous y cacher.

HÉLÈNE. — Ah ! Paul, nous ne nous quitterons donc jamais !

PAUL. — Jamais !

NINA. — Antonio, va chercher la voiture que nous avons laissée à la porte du cimetière. Elle nous conduira promptement au navire. — Buvez d'abord quelques gouttes de ce cordial.

HÉLÈNE. — Mais, Nina, tu savais donc que je n'étais pas morte ?

NINA. — Non. Mais je savais que M. Paul... dans ce coffre...

HÉLÈNE. — Grand Dieu ! je me rappelle... — Horrible ! horrible ! et c'était moi !

PAUL *la serrant dans ses bras.* — Le ciel a tout conduit : sans cet accès de délire, qui vous avait fait donner cet ordre, sans la scélératesse des neveux de Raymond, c'est vous qui auriez subi la plus épouvantable agonie. — Ah ! chère Hélène, les méchants mêmes et ceux qui offensent Dieu lui obéissent encore sans le savoir, et leurs crimes concourent souvent aux desseins de la divine providence.

ANTONIO. — La voiture est là.

NINA. — Maintenant, Antonio, aide-moi à tirer du coffre les diamants et les pierreries ; nos amants les oublieraient, et ils en auront besoin dans la solitude où nous allons cacher notre bonheur.

— Ah ! chère Hélène, les méchants mêmes et ceux qui offensent Dieu lui obéissent encore sans le savoir....

ÉMILE DE LABÉDOLLIÈRE

HISTOIRE
DE LA
GUERRE D'ITALIE

ILLUSTRÉE PAR JANET-LANGE

Six Cartes géographiques coloriées, dressées par A.-H. DUFOUR

SIX BEAUX PORTRAITS HORS TEXTE GRAVÉS SUR ACIER

PREMIÈRE PARTIE.

SOLFERINO, Montebello, Turbigo, Magenta, Marignan, Palestro.
JOSEPH GARIBALDI, Biographie complète.
HISTOIRE DE L'ITALIE et de ses rapports avec l'Autriche.

SECONDE PARTIE.

VILLAFRANCA, Biarritz, Zurich, Quadrilatère.
NAPLES, Palerme, les Romagnes, les Marches, l'Ombrie et les Annexions.
HISTOIRE DE SAVOIE, Piémont et Sardaigne.
HISTOIRE DE L'INDÉPENDANCE ITALIENNE (1848-1849).

PROSPECTUS

Nos publications sur la guerre d'Orient : SÉBASTOPOL, INKERMANN, MALAKOFF, etc., ont obtenu un succès éclatant et qui se prolonge encore. Pour répondre au vœu général, nous avons confié l'histoire de la guerre d'Italie au même auteur, à M. Émile de La Bédollière, rédacteur du *Siècle*, que sa position spéciale met en mesure d'avoir tous les renseignements, et dont le talent et l'expérience sont depuis longtemps appréciés.

Déjà ont surgi d'innombrables opuscules sur la guerre d'Italie. Notre publication en diffère, en ce qu'elle présente un ensemble complet et savamment coordonné. A la narration exacte des événements, elle joint des précis historiques et des biographies qui expliquent suffisamment les causes de cette guerre. Notre format d'ailleurs, lisible et commode, nous permet de grouper et de donner un nombre considérable de pièces officielles, de circulaires diplomatiques, de rapports et de proclamations, enfin de documents d'un immense intérêt pour l'histoire, et que le défaut d'espace oblige habituellement à supprimer ou à mutiler : nous entrons dans tous les développements que comporte le sujet.

Et quel sujet fut jamais plus intéressant et plus grandiose? Après des négociations qui occupèrent toutes les nations du monde, la guerre éclate.

Le territoire piémontais est envahi, le 29 avril, par les soldats de l'Autriche ; les troupes françaises accourent; l'empereur quitte Paris le 10 mai, et dix jours après l'armée gagnait sa première victoire!

En moins d'un mois, les Autrichiens sont refoulés au delà du Tessin ; la Lombardie est conquise, et les populations délivrées saluent de leurs acclamations les Français, dont elles bénissent le dévouement et dont elles glorifient le courage.

Montebello, Palestro, Magenta, Marignan viennent prendre place dans l'histoire auprès des plus beaux faits d'armes de la république et de l'empire. L'ennemi perd successivement les lignes de l'Adda, de l'Oglio, de la Sesia, de la Chiese; il se réfugie dans le fameux quadrilatère que flanquent les forteresses de Peschiera, Mantoue, Legnano et Vérone; il se retranche derrière le Mincio, et lorsque, sous le commandement de l'empereur François-Joseph, il tente, le 24 juin, de prendre l'offensive, la bataille de Solférino le force de battre en retraite avec des pertes considérables.

Voilà les faits que nous exposons dans la présente publication, à laquelle les dessins de M. Janet-Lange, les cartes de Dufour, viennent ajouter un nouveau prix. On le voit, c'est une œuvre de patriotisme que tout Français doit avoir dans sa bibliothèque.

GUSTAVE BARBA.

CONDITIONS DE LA SOUSCRIPTION :

L'OUVRAGE FORME DEUX BEAUX VOLUMES IN-4°, CONTENANT LA MATIÈRE DE 14 VOL. IN-8°,
ORNÉS DE VIGNETTES, — SIX CARTES GÉOGRAPHIQUES, — SIX PORTRAITS HORS TEXTE GRAVÉS SUR ACIER,
DIVISÉS EN 28 SÉRIES BROCHÉES, A 50 CENT.

Prix de l'ouvrage complet : **Broché en deux volumes, 14 fr.** — Relié en un volume, **16 fr.**

Publié par GEORGES BARBA, Libraire-Éditeur, 7, rue Christine, Paris.

ROMANS POPULAIRES ILLUSTRÉS PAR BERTALL.

PAUL DE KOCK.

Monsieur Dupont	90
Mon Voisin Raymond	1 10
La Femme, le Mari et l'Amant	1 10
L'Enfant de ma femme	50
Georgette	90
PREMIER VOLUME, BROCHÉ	4
Le Barbier de Paris	1 10
Madeleine	90
Le Cocu	1 10
Un Bon Enfant	90
Un Homme à marier	50
DEUXIÈME VOLUME, BROCHÉ	4
Gustave le mauvais sujet, *suivi de* Edmond et sa cousine	90
André le Savoyard	1 30
La Pucelle de Belleville	1 10
Un Tourlourou	1 10
TROISIÈME VOLUME, BROCHÉ	4
La Maison blanche	1 30
Frère Jacques	90
Zizine	1 10
Ni jamais ni toujours	90
QUATRIÈME VOLUME, BROCHÉ	4
Sœur Anne	1 30
Un Jeune Homme charmant	1 10
Jean	1 10
Contes et Chansons	90
CINQUIÈME VOLUME, BROCHÉ	4
Une Fête aux environs de Paris	1 30
La Laitière de Montfermeil	1 30
L'Homme de la nature	1 10
Moustache	1 10
Nouvelles et Théâtre	70
SIXIÈME VOLUME, BROCHÉ	4

COOPER.

Le Dernier des Mohicans	90
Les Pionniers	70
Le Corsaire rouge	90
Fleur-des-Bois	90
L'Espion	90
La Vie d'un matelot	30
PREMIER VOLUME, BROCHÉ	4
Le Pilote	90
Sur mer et sur terre	90
Lucie Hardinge	90
Le Robinson américain	90
L'Ontario	90
DEUXIÈME VOLUME, BROCHÉ	4
Christophe Colomb	1 10
L'Écumeur de mer	90
Le Bravo	90
Œil de Faucon	90
Précaution	70
TROISIÈME VOLUME, BROCHÉ	4
Le Bourreau de Berne	90
Le Colon d'Amérique	90
La Prairie	90
Lionel Lincoln	90
Le Paquebot	90
QUATRIÈME VOLUME, BROCHÉ	4
Eve Effingham	90
Fou follet	90
Le Camp des païens	90
Les Deux Amiraux	90
Les Lions de mer	90
CINQUIÈME VOLUME, BROCHÉ	4
Satanstoé	90
Le Porte-chaîne	1 10
Ravensnet	90
Les Mœurs du jour	90
Les Monikins	70
SIXIÈME VOLUME, BROCHÉ	4

PIGAULT-LEBRUN.

Angélique et Jeanneton	50
La Folie espagnole	90
Monsieur Botte	90
Le Garçon sans souci	70
L'Officieux	70
PREMIER VOLUME, BROCHÉ	4
Les Barons de Felsheim	90
L'Homme à projets	1 10
Fanchette et Honorine	1 10
Mon Oncle Thomas	1 10
Monsieur de Kinglin	30
DEUXIÈME VOLUME, BROCHÉ	4
Famille Luceval	1 10
Macédoine	90
Adélaïde de Méran	90
La Mouche	1 10
Vie et aventures de Pigault	50
TROISIÈME VOLUME, BROCHÉ	4
Métusko	30
Jérôme	90
Monsieur Martin	70
Théodore	30
L'Égoïsme	70
Adèle d'Abligny	50
Contes à mon petit-fils	70
QUATRIÈME VOLUME, BROCHÉ	4

AUGUSTE RICARD.

Le Viveur	90
Le Carême de ma tante	70
La Sage-femme	90
La Grisette	90
Le Marchand de coco	1 10
Le Portier	90
PREMIER VOLUME, BROCHÉ	5
Les Étrennes de mon oncle	50
Le Cocher de fiacre	90
La Vivandière	70
L'Ouvreuse de loges	90
Le Chauffeur	70
La Diligence	90
Le Forçat libéré	90
DEUXIÈME VOLUME, BROCHÉ	5
Aînée et Cadette	90
Ni l'un ni l'autre	90
Celui qu'on aime	90
La Chaussée d'Antin	90
Comme on gâte sa vie	90
Maison à cinq étages	90
TROISIÈME VOLUME, BROCHÉ	5

CAPITAINE MARRYAT.

Pierre simple	90
Japhet	90
Jacob fidèle	90
Rattlin le marin	90
Le Vieux Commodore	90
PREMIER VOLUME, BROCHÉ	5
Le Peche	90
L'Aspirant	90
Le Vaisseau fantôme	90
Le Chien diable	90
Le Pirate	90
DEUXIÈME VOLUME, BROCHÉ	4
Pauvre Jack	90

MAX. PERRIN.

La Famille Tricot	90
Le Prêtre et la Danseuse	70
La Permission de dix heures	90
Mauvaises Têtes	90

ALPHONSE KARR.

Clotilde, Rose et Jean	
La Famille Alain	
Feu Bressier	1
Vendredi soir	
Einerley	
Une Vérité par semaine	
Un Homme fort en thème	
UN VOLUME, BROCHÉ	5

HIPPOLYTE CASTILLE.

Les Oiseaux de proie	
L'Ascalante	1
Le Markgrave	
Les Compagnons de la mort	
Le Contrebandier	
La Chasse aux chimères	
PREMIER VOLUME, BROCHÉ	4

MARIE AYCARD.

Le Comte de Horn	90
William Vernon	90
La Saurel	
Mlle Potain	
M. et Mme Saintot	
Mme de Linant	1
PREMIER VOLUME, BROCHÉ	4

STENDHAL.

Le Rouge et le Noir	1
La Chartreuse de Parme	1
Physiologie de l'amour	
L'Abbesse de Castro	
LE TOUT BROCHÉ EN UN VOLUME	4

CH. DICKENS.

Les Voleurs de Londres	
Nicolas Nickleby	1
Le Marchand d'antiquités	

LOUISE COLET.

La Jeunesse de Mirabeau	
Folles et Saintes	
Mme Hoffman Tanska	
Mme Duchâtelet	

VICTOR DUCANGE.

Agathe	
Albert	

PAUL DE MUSSET.

Le Bracelet	
Lauzun	

COMTESSE DASH.

Le Jeu de la reine	
L'Écran	

A. DE LAVERGNE.

La Vircassienne	

A. ROMIEU.

Le Mousse	

JULES LECOMTE.

Bras-de-Fer	

CH. SAINT-MAURICE.

Gilbert	

CLICHÉS DE GRA[VURES]

Ayant dans mes magasins un matériel [con]sidérable de bois gravés d'après nos mei[lleurs] artistes, je puis fournir à mes correspo[ndants] les clichés des dessins de tous les livres [portés] sur mon catalogue.

Les prix réduits de ces clichés monté[s sur] bois sont fixés ainsi qu'il suit :

Pour les **CLICHÉS EN PLOMB**, 15 centimes le centimètre
EN ACIER, 18 cent. le centimètre.
Pour les **CLICHÉS EN CUIVRE**, 20 centimes le centimètre

www.ingramcontent.com/pod-product-compliance
Lightning Source LLC
Chambersburg PA
CBHW060507050426
42451CB00009B/866